学习·移植·创新

——文秋芳学术论文自选集

文秋芳 著

Learning, Transplanting and Innovating:

Selected Essays of Wen Qiufang

高等教育出版社·北京

内容简介

本书覆盖文秋芳教授在应用语言学领域的研究，包含四个分支：二语习得、二语教学、二语教师发展和国家语言能力。本书精选其中公开发表的12篇论文：二语习得研究4篇，二语教学4篇，二语教师发展2篇，语言政策研究2篇。除了前期发表的二语习得研究的4篇论文，其余8篇论文都具有初创性。这些研究成果在我国的外语学界产生了重要影响。

总　序

27年前，在吕叔湘、柳无忌等前贤的关心和支持下，中国英汉语比较研究会获得民政部和教育部批准成立。经过几代人的不懈努力，如今，研究会规模不断扩大，旗下二级机构已达29家，其发展呈生机勃勃之态势。研究会始终保持初心，秉持优良传统，不断创造和发展优良的研究会文化。这个研究会文化的基本内涵是：

崇尚与鼓励科学创新、刻苦钻研、严谨治学、实事求是、谦虚谨慎、相互切磋、取长补短，杜绝与反对急功近利、浮躁草率、粗制滥造、弄虚作假、骄傲自大、沽名钓誉、拉帮结派。

放眼当今外语界，学术生态受到严重污染。唯数量、唯"名刊"、唯项目，这些犹如一座座大山，压得中青年学者透不过气来。学术有山头，却缺少学派，这是一个不争的事实。在学术研究方面，理论创新不够，研究方法阙如，写作风气不正，作品细读不够，急功近利靡然成风，这一切导致草率之文、学术垃圾比比皆是，触目惊心，严重影响和危害了中国的学术生态环境，成为阻挡中国学术走向世界的障碍。如何在中国外语界、对外汉语教学界树立一面旗帜，倡导一种优良的风气，从而引导中青年学者认真探索、严谨治学，这些想法促成了我们出版"英华学者文库"。

"英华学者文库"的作者是一群虔诚的"麦田里的守望者"。他们在自己的领域里，几十年默默耕耘，淡泊处世，不计名利，为的是追求真知，寻得内心的澄明。文库的每本文集都收入作者以往发表过的10余篇文章，凝聚了学者一生之学术精华。为了便于阅读，每本文集都会分为几个相对独立的部分，每个部分都附有导言，以方便读者追寻作者的学术足迹，了解作者的心路历程。

　　我们希望所有收入的文章既有理论建构，又有透彻的分析；史料与语料并重，让文本充满思想的光芒，让读者感受语言文化的厚重。

　　我们整理出版"英华学者文库"的宗旨是：提升学术，铸造精品，以学彰德，以德惠学。我们希望文库能在时下一阵阵喧嚣与躁动中，注入学术的淡定和自信。"随风潜入夜，润物细无声"，我们的欣慰莫过于此。

　　我们衷心感谢高等教育出版社为本文库所做的努力。前10本即将付梓，后20本也将陆续推出。谨以此文库献礼中国共产党建党100周年！

中国英汉语比较研究会会长　罗选民

2021年1月5日

自　序

　　1963年秋，我进入江苏省镇江中学读初中，我们一（2）班是教学改革试点班，教我们英语的老师名叫赵傅霖，据说他是皇族后裔。他一脸的络腮胡子被剃得发青，儒雅且十分和善，他声音低沉，喉音很重，英语说得很好听。他还经常把我们班的小同学请到家里去玩。赵老师的英语教学和音容笑貌深深留在我记忆之中。1968年秋，我下乡插队。在农村代课期间还当了很短一段时间的中学英语老师。1973年，我考入南京师范大学外语系学习英语，并于1976年春留校任教。1982年，我赴印度孟买大学攻读语言学硕士学位，3年后回国，于1986年担任外语系副主任，分管教学和外事工作，从此集教学与行政于一身。1990年，我赴香港大学攻读应用语言学博士学位，后于1993年进入南京大学任教，从此走上了教学科研之路。1999年，我赴哈佛大学进修一年。我先后在南京师范大学（1976—1992）、南京大学（1993—2004）和北京外国语大学（2005年至今）工作。回顾自己的教学与科研成长历程，大致走过三个阶段：（1）认真学习西方理论；（2）努力移植西方理论；（3）尝试构建新理论。

　　1. 认真学习西方理论

　　1980年，承担英语教学法课程是我进入应用语言学领域的发端。当时的任课老教师要离职赴香港探亲，她把哈佛大学教授 Wilga M. Rivers 所著的 *Teaching Foreign-Language Skills* 留给我，我便如饥似渴地学习这唯一的一本外文专业书。1982年夏，我去印度孟买学习，先在Sophia女子学院修读了一年本科生课程，然后去孟买大学攻读语言学硕士学位。两年修读八门课（描述语言学、语言学流派、心理语言学、社会语言学、历史语言学、语义学、句法学、田野语言调查法）。在印度的这三年时间，我刻苦认真，除了吃饭、睡觉、锻炼身体外，都在学习。当时没有复印机，我一边读书，一边做笔记。到1985年回国时，光带回的手抄资料和笔记就有几十斤重。

1990年，我赴香港大学攻读博士学位。我的博士论文选题确定为英语学习者的学习策略研究。这在当时是西方应用语言学界的研究热点。我每天早上8点钟到办公室，晚上11点回宿舍，早出晚归，三年如一日。我心无旁骛，在埋头苦读过程中，愈发觉得我们与国外的差距巨大。一种强烈的责任心和使命感驱使我要努力学习西方理论。

2. 努力移植西方理论

1993年，我博士毕业后进入南京大学工作。依据我的博士论文，我写成《英语学习策略论》一书。起初，很多人并不看好这本书的出版价值，是桂诗春先生为我作序力荐，才得以出版。此后，该书竟成了外语界引用频次最多的书之一，带动了国内学界的相关研究。

自2003年起，我连续两年利用暑假，携南京大学团队与国外学者合作，开创性地为高校英语教师举办了全国英语学习策略研修班，为提高在职教师的自身素质探索了有效途径。从2005年开始，我又与北京外国语大学的相关团队进行合作，精心策划，为全国高校青年骨干教师举办了各类主题研修班，弘扬师德、师范、师道，提高教学能力、研究能力、教育技术能力和管理能力。十多年来，全国上万名教师从中受益。

自2009年起，我率先在北京外国语大学校内建立了研究者–教师互动发展团队。通过两年尝试性实践和研究，取得了经验后，我决定将这一做法推广到北京市。2011年，我组织了北京市高校英语教师互动发展团队，北京市的六所高校自愿参与。我们希望通过不同形式的互动与交流来提高大学英语教师的综合素质。

2016年，北京外国语大学成立了许国璋语言高等研究院，凭借这一平台，我们成立了三个方向的工作坊（语言学、应用语言学、翻译学）。应用语言学方向成立的校内跨院系多语种教师专业学习共同体，覆盖13个语种。经过三年的努力，大部分中青年教师的科研能力都得到了明显提高，他们各自发表了两三篇论文。

这些年我坚持与一线教师开展团队活动，投入了大量的时间和精力。可我并不认为这是一种单向性的牺牲和奉献。看到他们对新知识的渴望，看到他们对提高专业能力的期盼，看到他们对教学工作的高度责任心，我也受到了激励和鞭策。作为从事外语教育工作的研究者，我有责任和义务，深入课堂，了解学生、了解教师。唯有这样，我的应用语言学研究才有源泉和生命力，我的研究成果才有社会价值。

回顾我在1995年至2011年间发表的100余篇论文，绝大多数是在努力引进西方理论，跟踪国际外语界学科前沿，旨在提高我国的外语教学质量，解决实际问题，提高高校外语教师水平。从这一系列研究成果中，也可以看出我对于我们能够赶上国际先进水平的热切希望。

3. 尝试构建新理论

中国是个学习外语的大国，文化教育底蕴深厚，源远流长。在引进吸收西方外语教学研究成果的基础上，我们应该探求适合中国国情的道路，构建具有中国特色的外语教育理论。2007年，我尝试性提出"输出驱动"假设，深入研究、付诸实践并撰文说明。历经几轮研究和演进，该理论的阐述逐渐丰富。2013年，我将"输出驱动假设"修订为"输出驱动−输入促成假设"。后来，我又将该理论扩展为"产出导向法"（production-oriented approach，简称POA），并将该理论付诸实践：编教材、办培训班、走进课堂、举办国际研讨会等。POA理论已在学界产生一定影响，不仅被运用在英语教学中，在对外汉语教学和非英语语种专业教学中，也有人进行了有益的尝试。

2005—2014年，我曾担任中国外语教育研究中心主任。作为国家级研究机构的专职研究员，语言和教育如何为国家的战略利益服务，这个强烈的意识一直在我心中萦绕。2011年，我投入到全新的语言政策研究领域，研究重点是国家语言能力。国家语言能力是指一个国家处理国际事务中涉及国家利益所需的语言能力。国家语言能力的概念由美国学者于1993年提出，这一概念与国家战略、国家安全和国家认同密切相关，是国家软实力和综合实力的重要标志。美国有着提高国家语言能力的丰富实践，但尚未建立相关理论体系。在带领博士后团队深入研究美国国家语言能力的实践经验后，为提升我国国家语言能力，初步构建我国国家语言能力体系与评价指标，我提交了多份咨询建议报告。围绕这一主题，我又发表了10余篇论文。2018年，我和张天伟博士合著的《国家语言能力体系构建研究》专著由北京大学出版社出版。

2016年，我率队完成了国家哲学社会科学规划办公室的重大招标项目"国家外语人才资源数据库建设"。目前，我正在率队完成国家语言文字工作委员会重大项目"国家语言能力内涵与提升方略"。我们要在初创的理论体系基础上，进一步深入研究，以便提出更加完善的理论体系与提升策略。

本书所收集的论文[1]分为四部分。第一部分"二语习得研究"选取了四篇论文，分别探究中国学习者学习英语的策略，尝试构建思辨能力测量工具，并对外语学习者思辨能力发展现状进行了调查；第二部分"二语教学研究"选取了四篇论文，阐述了"产出导向法"发展的历程；第三部分"二语教师发展研究"选取了两篇论文，分别阐述了校本和跨校外语教师学习共同体建设的理论和实践；第四部分"国家语言能力研究"选取了两篇论文，分别说明了我对国家语言能力的初步认识和再次解读。这四部分的划分折射了我研究兴趣的变化和研究视野的拓展，也反映了我从努力学习和实践西方理论到尝试创建中国特色的语言能力相关理论的心路历程。

我要感谢所有在我学术前行道路上给予支持与帮助的人。在此，我要特别感谢中国英汉语比较研究会罗选民会长提出的关于出版"英华学术文库"的建议，也要特别感谢高等教育出版社为本书的策划和审校所付出的辛劳，还要感谢我的博士生刘雪卉为本书的统稿所提供的帮助。最后，我要感谢我的丈夫，我两次共留学七年，是他一边工作，一边照顾孩子，支撑起我们的家。他几十

1　本书收集的论文对已发表的论文进行了不同程度的修改和重新编辑。

年如一日的默默支持，让我有更多时间从事教学、科研和行政管理工作。我还要感谢我的儿子，在他成长的关键期，我几乎都不在他身边。对此，我有深深的愧疚，但他从无怨言，一路前行，读完了本科、硕士、博士。后来他工作、成家、创业都还算顺利。这不仅给我添了几分欣慰，也消除了我内心长久的"歉疚"感。

文秋芳

2020年8月

目　录

第一部分

二语习得研究

导　言

　　本部分选用的四篇文章都是我1993年在香港大学完成博士论文后发表的成果，集中反映了我在这一阶段对二语习得的研究兴趣。

　　第一篇文章《英语学习成功者与不成功者在方法上的差异》是我博士论文研究成果的一部分。本文运用个案研究法，分析了一对英语学习成功者和不成功者使用的学习策略。研究结果表明，不同的学习策略是造成她们英语成绩有明显差异的主要原因。作为个案比较的质化研究，这可能在国内外语界首开先河。投稿不算顺利，历经两年，于1995年在《外语教学与研究》第3期上发表。这是我发表的所有论文中影响最大的一篇。截至2019年8月7日，该文在中国知网的下载次数为19 805次，引文次数为2 843次。

　　第二篇文章《母语思维与外语写作能力的关系：对高中生英语看图作文过程的研究》是我和当时指导的硕士生联合完成的一项研究，刊发在《现代外语》1998年第4期上。本文报告了我们运用有声思维（think-aloud）记录高中生英文看图作文的过程，旨在揭示母语思维与外语写作能力之间的关系。结果表明，母语思维的参与量与写作成绩之间总体呈负相关。在英语写作过程中，母语的主要功能为转换中介、内容生成中介、形式检索中介、内容验证中介和程序管理中介。虽然高分组在总体上比低分组少用母语思维，但该组比低分组多使用中文作为转换中介和内容验证中介，少用中文作为内容生成中介、形式检索中介和程序管理中介。就使用中文的平均长度而言，高分组用于转换中介和内容验证中介的中文平均长度比低分组长，但用于内容生成中介和形式检索中介的中文平均长度比低分组短。由于样本人数少，以上结果只是为大样本的研究提供了假设。该项研究首次深入细致地分析了母语在学生完成英文看图作文过程中的不同功能，揭示了高分组与低分组在使用母语方面存在差异的复杂性。截至2019年8月7日，该文在中国知网的下载次数为5 245次，引文次数为657次。

第三篇和第四篇论文都源于我在2008年获批的国家社会科学基金项目"我国外语类大学生思辨能力现状研究"（编号：08BYY026）。其他四位作者（王建卿、刘艳萍、赵彩然、王海妹）都是我当年指导的访问学者。他们协助我在各自学校试用思辨量具，收集各种不同类型的数据，分析数据，为本项目的完成付出了大量时间和精力。

第三篇文章《构建我国外语类大学生思辨能力量具的理论框架》刊发在《外语界》2009年第

1期上。本文首先回顾了国内外有关大学生思维能力的研究,然后评析了三个主要相关思维能力理论模型。在此基础上,我们提出了构建我国外语类大学生思辨能力量具的层级理论模型。该模型将思辨能力分为两个层次:第一个层次为元思辨能力;第二个层次为思辨能力,包括元思辨能力监控和统管思辨能力。思辨能力涵盖认知与情感两部分。其中,认知部分包含技能与标准;情感部分包含典型的情感特质。技能有分析、推理与评价;标准有清晰性、相关性、逻辑性、深刻性与灵活性。

第四篇文章《我国英语专业与其他文科类大学生思辨能力的对比研究》刊发在《外语教学与研究》2010年第5期上。本研究是我国首个大规模文科类大学生思辨能力调查研究,旨在用实证数据检验英语专业大学生的思辨能力低于其他文科类大学生的假设。参加本研究的2 189名学生来自全国11所高校14个文科专业的1年级至3年级。本文从总体样本、各年级样本及三年内变化趋势三个层面对英语专业与其他文科类大学生的成绩进行了对比。研究发现,总体上,英语专业学生的思辨能力显著高于其他文科类大学生,但这种差距随着年级的升高逐渐缩小;两类学生1年级至3年级思辨水平的内部变化均达到显著性水平,但英语专业学生只有小幅量变,其他文科类大学生变化幅度较大,质变关键期在2年级至3年级。截至2019年8月7日,该文在中国知网的下载次数为10 274次,引文次数为394次。

以上四篇文章都是我以西方理论为参照,研

究中国英语学习者现状的结果。从研究方法上说，我遵循了西方研究规范，设计问题，构建量具，收集与分析数据，撰写论文。坦率地说，当时创新意识不强，也无创新本钱。回头再看走过的路，从事文科研究需要积累，不先学会走路，怎么能学习跳呢？尽管前期研究的创新性不高，但这为我后期研究水平的提高打下了坚实基础。

一 英语学习成功者与不成功者
在方法上的差异[1]

Rubin（1987）率先描述了英语学习成功者的共性特点后，从学生的角度研究如何学习英语的文章日益增多。有的描述学习者的语言学习观念，有的调查学习者的元认知策略，有的调查学习者的认知策略。

我国虽是学英语的"超级大国"，但这方面的研究不多。1984年，黄小华对"学习策略与英语口语能力的关系"这一课题进行了研究。北京外国语大学在1987年至1991年间就"影响英语成绩的各种因素"对从全国六所外语院校随机抽选的250名英语专业学生进行了调查（吴一安等，1993）。该项研究共涉及18个变量和13种因素，学习策略是其中的一个变量。

1991年，笔者曾就"学习者可控因素对英语成绩的影响"这一课题进行了试探性研究（Wen，1993）。研究分三个阶段进行。第一阶段，由近250名二年级英语专业的学生填写"学习者因素"问卷，他们分别来自南京和上海五所不同类型的高校。两个月后，这些学生参加了全国高校英语专业四级考试（以下简称"全国四级统考"）。根据学生对问卷的回答和他们的考试成绩，笔者运用路径分析的统计软件，建立了影响英语学习成绩诸因素的模型图。结果表明，在对成绩有影响的因素中，有一部分是学生可以控制的因素，它们是管理策略、词汇策略、回避母语策略和容忍含混语言的策略。其中，唯有容忍含混

1　原载《外语教学与研究》1995年第3期，61—66页。

语言的策略对成绩所产生的是负面影响。第二阶段，重点就四个对成绩有影响的可控因素考察高分组和低分组各五名学生的具体差别。这阶段的调查不仅以大量生动的事实验证了第一阶段的结果，而且补充说明了学习策略运用的复杂性。第三阶段，在这10个人当中挑选了一对（一名高分者和一名低分者）进行个案研究，其主要目的是深入探究高分者和低分者在学习方法上存在的本质差别。由于篇幅所限，本文仅报告第三阶段个案研究的结果。全文分四部分：第一部分简要介绍笔者所提出的学习方法的理论模式；第二部分描述个案研究的设计；第三部分报告结果；第四部分讨论结果，并根据结果对今后改进教学提出建议。

1. 英语学习方法的结构框图

一提起英语学习方法，学过英语的人很可能会立刻想到记单词、学语法的诀窍。这是对英语学习方法的片面理解。英语学习方法包含一系列要素，有些在高层面上，有些在低层面上。高层面上的要素能对低层面上的要素起制约作用。这些要素形成一个系统，该系统由两大部分组成：观念和策略（见图1）。其中的观念是指学生在学习英语的过程中，通过自身体验或他人影响所形成的一种看法体系。它有一定的稳定性，对学生的英语学习会产生潜移默化的、较为深远的影响。英语学习者的观念大致分为两类：一类为管理观念；另一类为语言学习观念。管理观念指学生对确定目标、制订计划、选择策略、调控策略等一系列管理活动重要性的认识。语言学习观念是指学生对如何才能掌握好语言知识、语言技能和交际能力的主张。语言学家、心理学家、教育工作者都在探讨学习外语的理论。从某种意义上说，学生对外语学习的一系列主张就是一种学习理论。近20年来的研究表明，学习者形成的学习理论对他们自身的学习行为有着直接的影响。如要调整学习者的语言学习行为，必须使他们的观念发生变化。

策略指对学习过程最理想的调控。调控内容可分为两个方面：一是与过程有关；二是与语言学习材料本身有关。前者称为管理策略，后者称为语言学习策略。管理策略涉及目标的确定、策略的选择、时间的安排、策略有效性的评估和调整。这一系列活动都以自我评价为前提。语言学习策略直接用于英语学习。应该说，语言学习策略本身并没有明显的好坏之分，它们的成效高低要看学习者使用得是否恰当。这种恰当性就是执行管理策略有效性的最好标志。换句话说，学习者如果能用管理策略来合理地调控语言学习策略的使用，就会收到预期效果。

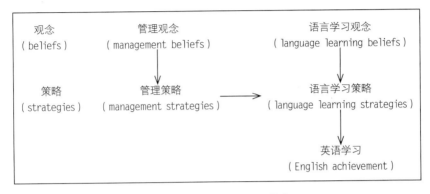

图1. 英语学习方法的结构框图

以上学习方法框架结构已在定量研究中得到验证。本文将用该框架结构来分析一个高分者和一个低分者的学习方法，从而找出两者之间的本质差别。

2. 研究方案

2.1 研究对象

参加个案研究的学生有王红和李华。她们于1989年秋进入南京某高校英语专业学习。至调查之日，她们已在同一个班级学习了两年。她们有着类似的家庭背景，高考入学考试的语文和英语成绩几乎一样。两人都抱怨中学的英语教学忽视了听说技能的训练。两人都很想把英语学好，但根据两人每星期花在英语上的课外时间，李华似乎比王红更发奋。王红每星期大约花21个小时，李华却花了约40个小时。尽管她们几乎在同一个条件下学习，但两年后，她们的英语水平出现了惊人的差异。最为令人不解的是，李华几乎是付出了双倍的代价，但在全国四级统考中，成绩（64.25）却比王红（90.5）低26分之多，而王红却成了1991年全国四级统考中的佼佼者。鉴于王红和李华的其他情况基本相仿（见表1），造成她们学习成绩有明显差异的主要原因似乎是学习方法上的不同。

2.2 数据收集

在个案研究时，王红和李华参加了面谈、记日记和阅读文章活动。这三项活动都是分别进行的。面谈的内容紧紧围绕她们的观念和策略。例如，"你认为从上下文中猜词义是否为学单词的一种好方法？为什么？""你平时是否用猜词义的方法学习单词？"如果她们的回答是"用了"，下一个问题便是："你是如何使用这一策略的？"一个星期日记的内容包括：（1）课外做的与学习英语有关的事；（2）每项活动所花的时间；（3）进行每项活动时的生理和心理状态（即是否精力充沛，是否思想集中）；（4）进行每项活动时所采取的策略。随后，还就日记内容不清楚的地方进行了询问。阅读的文章有850个字。阅读时间不限。要求像平时阅读综合英语教材一样，该查字典时查字典，该做笔记时做笔记。她们阅读的情况还分别进行了摄像。阅读任务完成后，立即将摄像放给她们看，并就有趣的地方停下来，进行询问，例如，让她们回忆当时为什么要停下来或用笔做记号。

表1. 王红和李华的个人简况

姓名	性别	年龄	父母职业	英语成绩（高考）	语文成绩（高考）	课外学英语时间（每星期）	英语成绩（全国四级统考）
王红	女	19	父亲：大学教师母亲：大学教师	95	75	20.5	90.5
李华	女	20	父亲：医生母亲：护士	96	75	40	64.25

3. 结果

下面首先考察王红和李华在课外所从事的听、说、读、写活动，目的在于探究她们在语言观念和策略上的差异。然后分析她们在管理观念与管理策略上的不同之处。

3.1 语言观念和策略上的差异

3.1.1 听力练习

如何在课外进行听力训练？在面谈中，王红对这一问题作了如下回答：

> 我听 VOA 的新闻广播。我喜欢一边听一边记笔记，听完之后，根据笔记写内容摘要。有时我把英语广播节目录下来，反复听，直到听懂每一个字，像这样的活动要花 40 分钟到一个钟头。有时我也去听力室听磁带，有的听得细，有的听得粗。听得细的，就像做 dictation 一样。

根据她的描述可以看出，她课外练习听力的活动有两种：一种是半精听；另一种是精听。这两种活动有明显的区别。半精听时，只听一遍，精力主要放在内容上，但不忽略语言形式。她一边听一边记笔记，至少有三个好处：一是促使注意力集中；二是提高对语言形式的意识程度；三是可以训练自己的写作能力。精听时，她要求听懂每一个字、每一句话。

李华意识到她的听力比较差。根据日记的记载，她每天至少花半个小时听英文广播，但感到进步不快。当被问及她如何听时，她说道：

> 我经常去听力室听录音，磁带内容各种各样，但我很少记录听的内容。我的目的是要听懂大意。对我来说，听 VOA 或 BBC，就是要听懂意思。

可以看出，李华无论是听磁带，还是听广播，都不注意语言形式。从她的日记还可以看出她虽然花了很多时间练听力，但有 68% 的时间心不在焉。常常是一边听一边做其他的事情，有时甚至听着就睡着了。因此，她富有成效的听力活动并不多。

3.1.2 口语练习

当王红被问及如何提高自己的口语能力时，她作了如下描述：

> 我上课非常积极，因为我认为这是练口语的好机会。我也喜欢和同学或老师说英语，我还喜欢自己对自己说英语。有时我在厨房一边做家务一边说英语，妈妈听到奇怪的声音时，以为我在和她说话，她就从房间里大声问："你在说什么？"我认为自己对自己说英语是练习口语的好方法。……在英语会话时，如有生词想不起来，我通常不用手势，因为手势不能清楚地表达思想，我喜欢用简单的英语解释或用其他的语言手段。假如不知道如何用英语来表达自己，我就问别人而不采用回避的方法。

以上描述清楚地体现了王红练口语的两个特点。第一，她充分利用一切机会，不仅积极用英语进行交际，而且自己对自己讲英语；第二，她不用回避的策略，也不用非语言手段来解决交际过程中语言知识不够的情况。

面谈中，李华却是这样回答同一问题的：

> 我不愿在课堂上回答问题，有时知道了答案也不想讲。课外我也不练，因为根本没有说英语的环境。偶尔，我会对自己讲。交际时想不起某个英文词时，我用手势或者就干脆不说，偶尔会查查字典。

3.1.3 阅读练习

在面谈中，王红主动区分出了两种阅读材料：自选读物和教材。在第一种阅读中，她把重点放在阅读速度和整篇文章的内容上，遇到有趣的生词时，她会查词典，不仅弄清词义，还会注意它的用法；在第二种阅读中，她努力读懂每一句话和每一个字，同时弄懂整篇文章的内容。

下面就是她对阅读练习的描述：

> 假如读的是自己找的材料，我不会一字一句地抠。只要能弄懂大概内容，我就不查生词了，但遇到有趣的词，我还是要查。如果读的是老师布置的内容，我总是非常仔细，因为老师就喜欢挑我们不注意的地方出考题。平时我不喜欢背诵课文，但喜欢朗读课文。我通常提前半个小时到教室，朗读课文。我不太精通语法，因为有时我不能说出句子每个部分的语法作用，但如果句子结构非常复杂，我要找出主句和从句。

当王红被问及如何处理阅读材料中的新单词时，她说：

> 如果单词不重要，我就不查字典，特别是读自己选的东西。但读教材时，我先把课文通读一遍，猜生词的意思，不用字典。第二遍读的时候，我才用字典查生词。除了看词义的解释外，还看短语和例句。一个单词要是查几次字典，我就能记住了。课文中有些词很冷僻，我不花时间记它们，至多考试前看一看。我不喜欢把单词抄在笔记本上，我的习惯是把词义直接写在课本上，通常是英文，但有时英文的解释太长又不清楚，就写中文意思。我喜欢把记单词和读课文结合在一起，我感到这种方法比单独记单词效果要好得多。

根据王红的描述，我们可以归纳出她学习单词的几个显著特点。第一，她能区分重要与否，并对此采取不同的策略；第二，她把猜词义这一策略与查字典有机地结合在一起；第三，她不孤立地记单词，而是记短语，并且把这一任务和读课文连在一起；第四，她能对英语解释的清晰程度做出判断，对不清楚的，就改用中文。简言之，她的单词学习涉及了一系列的自我决策和选择。

李华在面谈中没有主动区分两种不同的阅读，她的描述仅限于阅读教材。然而，在一周的日记中，她所记载的活动也有两种。这说明她对这两种不同性质的阅读在意识层面上没有清晰的区分。根据日记记载，她在阅读课外书时，速度非常快，目标是弄懂大意，很少查字典。但预习课文时，速度慢得惊人，有时一课书竟花了她三个半小时。观察李华的阅读过程，850个字的文章，她共花了65分钟，其中竟用了三分之二的时间查字典，抄词义和例句。她在抄词义和例句时，没有进行必要的选择，而是一股脑儿地抄下来。当问及如何记新单词时，她说自己也没有什么方法，就是反复读，但是今天记住了，明天又忘了，复习对她来说似乎没有什么用处。笔者认为她对生词的重要性不加区别，一律采取同样的方法。什么单词都想记，不区分重要与否，平均使用力气，其结果就是花了许多时间，但成效仍不尽如人意。另外，李华不记课外阅读中出现的单词，这就限制了她词汇学习的范围。

最有趣的是，当问及阅读时是否使用中文翻译时，王红立即回答，她从不做翻译，除非老师要求做翻译练习。她认为在阅读过程中依赖中文翻译是有害的。但李华的看法和做法与王红形成明显的对照。她说：

> 中文翻译对理解应该是有帮助的，当然光用翻译未免有点单调。……一般我不一字一句地解释，但碰到复杂困难的句子，我会停下来，分析句子的结构，想它的中文意思。如果课文容易，脑子会自动翻译。

3.1.4 写作练习

王红对发展自己的英语写作能力也非常重视。平时除了完成老师布置的作业外，她坚持用英语记笔记、记日记，她还将练听力和练写作结合起来。特别值得指出的是，她每写一篇作文，都要经过反复修改，既改内容，也改语法和用词上的错误。在日记中，她叙述了写小故事时所用的策略：

> 尽管这几天我一直在想这个故事，但故事的内容直到写之前才在脑海里出现。因此，我一口气把它写下来，这是第一稿，放一两天后，再写第二稿，然后给同学看，让她们提意见。

李华承认，除了完成老师布置的写作任务外，自己不进行额外的练习。写作文时，她打草稿。但修改时，只注意内容，不太关心语言形式上存在的问题。她认为，"写作是锻炼我们对整体结构的安排"。

3.2 管理观念与策略上的差异

在学习过程中，王红有很强的宏观调控能力。她经常对学习进步情况和策略的成效进行反思，并及时做出调整。在面谈中，当问及如何评价自身的学习情况时，她说道：

> 我喜欢读带有自测题的书，读这种书，容易进行自我评价。如果课堂上不能流利回答老师的问题，或考试成绩不理想，我喜欢晚上睡觉前躺在床上思考其中的原因。

当问及如何评价自身的学习策略时，她作了如下描述：

> 我非常喜欢对自己用过的学习方法进行反思。

例如，大学一年级时，许多同学花很多时间记单词。起初，我也这样做。过了一段时间，我就意识到这样孤立地记单词没有什么成效，因为即使记住了，也不知道怎么用。所以我就改变了方法。我读课文，记有生词的句子。那时我自学《新概念英语》，就用这种方法学习单词，比起老方法要有效得多。

此外，王红的微观调控能力也很突出。这种微观调控发生在进行某个学习活动之前、之中或之后。例如，在阅读前，她要区分不同类型的阅读任务，从而采取不同的策略。在教材中碰到新单词时，她区分常用与不常用的词，只记常用词。阅读任务完成后，她反思自己所选用策略的有效性。

李华在管理策略上有明显的弱点。首先，她从不有意识地选择或评价自己的学习策略。下面是她的描述：

我说不清楚我用了什么学习方法。预习、复习、做作业、记单词，好像就这些。其实也没什么方法。

她自我报告的情况和平时的行为是一致的。例如，她知道自己听力差，想通过多听来提高听力水平，但当她的努力没有带来明显进步时，她没想过自己练听力的方法会存在问题。下面是调查者和她的一段对话：

调查者：你知道你听力为什么差吗？

李华：不知道。要是我知道原因，听力就不会那么差了。

调查者：你有没有考虑过原因呢？

李华：没有。大概是听得不够吧！

同样，她知道自己记单词有困难，但从来没有认真考虑过记单词的策略是否得当。

其次，在微观调控上，她也做得比较差。在完成某项学习任务时，她往往不能有意识地区分不同的学习任务，因此使用的学习策略缺少针对性和灵活性，致使学习效果不尽如人意。

以上个案研究表明，王红和李华在学习方法上的不同导致了她们在学习成绩上的明显差异。这很典型，也具普遍性，因为242名大样本的研究结果也得出了同样的结论。

4. 讨论

下面就她们在学习方法上存在的主要差别进行讨论。

第一，王红对听、说、读、写各项活动没有偏废，既认真完成老师布置的任务，又有自己的学习计划，两者相辅相成，达到全面发展。李华显然不重视说和写的训练，特别是说。课内不主动参与，课外也不利用时间自己练，其结果不言而喻。幸好全国四级统考不包括会话，否则李华与王红的成绩差距比现在还要大。

第二，王红能对所从事的听和读的学习活动有意识地分为两种：精听和精读；半精听和半精读。不同的活动，有不同的要求，但不走极端。前一种活动注重语言的形式和理解的深度，后一种活动侧重于内容和速度，但不放弃学习新语言知识的机会。这两种活动互相补充，一方面，她的语言知识不断增加；另一方面，她的听力和阅读能力也不断提高。

李华自我设计的听力训练中，既没有精听，也没有半精听。她每天从事的听力活动倒是很接近日常的交际活动。她听英文广播的方式就和我们平时听中文广播一样，一边做事，一边听广播；或睡觉前、起床前听广播。按照西方交际法的理论，李华的活动更具有真实性和交际性。令人费解的是，这种活动对提高她的听力并没有起多大作用。

李华的阅读活动虽有两种，但和王红的不完全一样。她阅读课内教材时的注意力几乎完全放在个别字词上，结果花了比别人多的时间，而得到的成效却比别人低。她阅读自选材料时又走向另一个极端，只看内容，生词一律不记。后一种阅读活动和她的课外听力活动很相似。为什么这种真实性强的交际活动对她的帮助不大呢？笔者猜想，作为外语学习活动应该有双重目的：一是扩大自己的语言知识；二是训练语言技能。如果忽视第一个目的，无形中就减少了接受新知识的机会。这在外语学习的环境中可能更为明显。在外语学习的环境中，接触外语的机会很有限，因此应该利用每一个机会，达到一箭双雕的目的。

第三，王红在英语学习中能有意识地避免使用母语，这对提高英语水平有促进作用。英语习得的过程也就是和母语干扰进行斗争的过程。随着英语水平的提高，对母语的依赖程度就会降低。而外语学习者通常有依赖母语的惰性，如没有自身的努力，就很难摆脱对母语的依赖。李华不仅没能有意识地克服母语的干扰，相反还认为翻译是学习英语的有效手段。这就形成了一个恶性循环，越依赖母语，英语水平提高得就越慢；英语水平越低，对母语的依赖程度就越高。

第四，她们学习方法上最重要的差别体现在管理策略上。王红成功地管理了自己的学习过程，掌握了学习主动权。对自己有分析、有评价，对语言学习策略有选择、有评估，一发现问题，及时调整。而李华对自己的学习过程的控制远没有达到意识层面。对自身的学习缺少反思，对语言学习策略的使用盲目性、随意性强，因此效果的好坏就无法预测。

从上述两个典型的个案，我们可以清楚地看出学习方法对学习成绩有直接的影响。作为外语教师，应在方法上给学生加以点拨，从改变学生的不恰当观念入手，把培养学习者的自我评价能力作为自始至终的中心任务。此外，还要有意识地结合教学内容，训练学生运用管理策略去监控语言学习策略的技能，这对提高我国的英语教学质量将有重要意义。

参考文献

- 吴一安，刘润清，JEFFREY P. 中国英语本科学生素质调查报告 [J]. 外语教学与研究，1993 (1): 36-46, 80.

- RUBIN J. Learner strategies: Theoretical assumptions, research history and typology [M]//WENDEN A, RUBIN J. Learner strategies in language learning. Upper Saddle River: Prentice-Hall, 1987.

- WEN Q F. Advanced level English language learning in China: The relationship of modifiable learner variables to learning outcomes [D]. Hong Kong University, 1993.

二 母语思维与外语写作能力的
   关系：对高中生英语看图
   作文过程的研究[2]

本文报告了笔者运用有声思维（think-aloud）的方法记录高中生写英文看图作文的过程。该项研究的目的在于揭示母语思维与外语写作能力之间的关系。具体地说，首先，研究英文作文得分与母语思维中使用中文词数的关系；其次，考察母语在外语写作过程中的不同功能，以及这些不同功能的动态交替。最后，根据所建立的母语功能类别，比较高分组和低分组的差异。由于样本人数少，所得结果只是为今后的大样本研究提供假设。

1. 研究背景

用外语写作文，在外语学习中，尤其是在外语学习的初级阶段，以母语为中介似乎无法避免。然而大家又都认为，用母语思维会干扰外语学习的进步（Johnson，1985；Wen & Johnson，1997；Whalen & Menard，1995；Zamel，1982）。过去的研究着眼于作文中的错误对比分析，以此推断母语的迁移或干扰作用。然而只研究输出结果，不探究输出过程，难以揭示母语参与外语写作的全部作用，更难以界定母语参与思维在什么条件下产生促进作用，在什么条

2　原载《现代外语》1998年第4期，44—56页。作者为文秋芳、郭纯洁。

件下产生阻碍作用。

从20世纪80年代起，对写作过程的研究日益增多（Arndt，1987；Brooks，1985；Diaz，1986；Jacobs，1982；Urzua，1987；Grabe & Kaplan，1996；Zamel，1983），其中的大多数研究都试图检验第二语言的写作过程是否与第一语言的写作过程相同。只有少数研究涉及母语对外语写作影响这一课题，其研究结果似乎都认为，在外语写作过程中，借助母语思维对提高外语作文的质量有积极的影响。例如，Lay（1982）拍摄了四个以中文为母语的外语学习者有声思维的写作过程，并就写作背景与态度与受试进行了面谈。她研究的结果是：在写同一篇作文的过程中，运用母语思维多的学生比运用母语思维少的学生，在作文的内容、结构和细节上都表现出明显的优势。Zamel（1982）发现，在她的八名研究对象中，唯一通过翻译来写作文的，英文写作水平最高；其余几人不仅不用翻译，而且认为翻译对英文写作没有帮助。

Cumming（1987）在其研究报告中指出：六个以法语为母语的加拿大成年人在用英文写作文时，写作水平低者只是通过法语生成英文作文的内容，写作水平高者不仅用法语生成内容，检查文体，而且更多的是用法语帮助其选择英文单词。根据他的看法，英文作文水平高者比水平低者对母语的依赖性更强。Friedlander（1990）研究了母语在外语作文内容的构思中所起的作用。他发现，运用母语思维既不影响外语写作的时间，也不影响质量。Kobayashi 和 Rinnert（1992）在对日本学生通过翻译所写的英文作文和直接用英文写的作文进行比较后发现，语言水平低的学生与水平高的学生相比，明显得益于翻译。

国内对外语写作过程中母语作用的研究几乎是一片空白，但最近郭纯洁、刘芳（1997）的"外语写作中母语影响的动态研究"颇具开拓性。郭纯洁和刘芳通过有声思维的方法研究了12名不同英语水平的学生看图作文的过程。根据对数据的定性分析，她们指出母语在外语输出过程中的主要作用有三个：（1）对作文内容的逻辑推理；（2）对语言形式的分析、判断；（3）对相关外语词汇、短语或句子的检索。她们还指出逻辑推理的过程以母语思维为主。以上结果在过去的相关研究中均未涉及，这无疑对我们全面认识母语在外语写作过程中的作用有着重要的贡献，但该项研究只限于对母语动态影响的一般描述，对母语作用的界定过于简单，不能用于解释所有使用中文的情况。另一方面，该研究还未涉及母语参与量与写作成绩的关系。本文报告的研究就是对郭纯洁、刘芳收集的部分数据进行更深入细致的分析，以比较高分组与低分组在外语写作过程中使用母语的差异。

2. 研究设计

2.1 研究对象

用于最后数据分析的六名学生来自安徽省临泉一中，其中，高二和高三的学生各三名。他们选自20名被邀参加英文看图作文的高中生。挑选标准有两个：（1）学生在面谈中对研究所用的"有声思维"方法态度积极，并认为这种方法基本上反映了他们写作时的思维活动；（2）他们在有声思维的过程中沉默时间不超过总写作时间的20%。

2.2 测量工具

用于英文看图作文的八幅连环画选自当地出版的教师参考书。连环画描写的是一名学生在上学路上如何帮助盲人过马路的故事。为了记录学生有声思维的过程和所用的总时间以及沉默的时间，我们准备了一台高质量的录音机和计时器。

2.3 数据收集

数据收集分两个阶段进行："有声思维"方法训练；正式测试。

为了使受试明确有声思维的要求和获得有声思维的亲身体验，他们在测试前接受了必要的训练。首先，由研究者进行有声思维示范，他们一边读古文，一边说出自己理解古文的思维过程，并在示范基础上进行了必要的解释。接着，对学生试测。试测时，每名学生需用有声思维的方法完成两项任务：一是读一段古文；二是辨认一个不完整的图画或汉字。这两项试测任务经过精心挑选，均不涉及两种语言的交替使用，目的是希望学生不要误认为在英文看图作文时必须要交替使用中英文。

正式测试的要求包括：（1）根据所给的图画，用英文写出一篇100字左右的文章；（2）必须自始至终说出写作过程中头脑中出现的任何想法。想法是以汉语出现，就说汉语；想法以英文出现，就说英文。说的过程中，不允许有较长的停顿和沉默；（3）要边说边写。研究者对每个学生看图作文时的有声思维情况认真做了观察记录，并进行了录音。

2.4 数据分析

数据分析涉及两项任务：一是对作文进行评分；二是逐字记录有声思维的情况，并对其进行分析。我们聘请了在南京大学任教的两位外籍教师，对受试的六篇作文分别进行了等级评定。他们根据对文章的内容、结构和语言三方面的总体印象，将六篇作文的质量由高到低排出名次等级，6级为质量最高，1级为质量最低。两位教师所给成绩相关系数为 .83（$p = .04$）。每名学生作文的最后等级取两位教师所给等级的平均数。下表列出了每名学生的作文得分情况（见表2）：

表2.　六名学生的英文作文得分情况

	教师A	教师B	平均等级	最后等级
学生1	2	1	1.5	1
学生2	5	5	5.0	5
学生3	3	2	2.5	3
学生4	6	6	6.0	6
学生5	1	3	2.0	2
学生6	4	4	4.0	4

对有声思维录音数据的分析分三步进行。

第一步，统计每名学生在看图作文的思维过程中使用中文词数占总词数的比例，然后计算该比例与写作成绩的关系。中文词的确定根据商务印书馆于1996年出版的《现代汉语词典》（第三版）。统计中英文总词数时，没有排除重复出现的词。

第二步，从每名学生的有声思维记录中分离出一系列使用中文的事件，每一个事件必须与某个功能相联系。每个中文事件功能的界定以郭和刘（1997）提出的三大功能为基本依据，但在此基础上作了较为详细的补充和归类，目的是描述有声思维中出现的所有使用中文的事件。建立类别的过程比较费时耗力，原因是类别的建立需要反复修订和验证。

第三步，根据建立的母语功能类别，比较高分组和低分组的差异，以此推断母语在外语写作过程中产生积极和消极作用的条件。

3. 结果与讨论

该项研究的结果主要用于回答以下三个问题。

第一个问题是母语参与思维量与外语写作能力之间的关系。根据以前的研究结果，我们的假设是：作文得分高的学生比得分低的学生多依赖于母语思维；或者说多用母语思维的学生比少用的学生作文得高分的可能性更大。

第二个问题是母语在外语写作过程中究竟有哪些功能，这些不同的功能是如何在英语句子的写作过程中交替发挥作用的。

第三个问题是作文高分者和低分者在使用母语上的差异如何体现在所建立的功能类别上。

3.1 中文词的数量与作文成绩的关系

根据表3，高分组学生使用中文词数的平均比例（37%）大大低于低分组的学生（51%）。统计结果表明，中文词数所占总词数的比例与作文成绩之间的相关系数为 -.77（$p = .07$）。虽然相关系数比较高，但由于样本太小，不具有统计意义。这里负相关的含义是：写作思维过程中使用中文词数比例越高，学生作文得低分的可能性越大。由此，我们可以提出假设：写作过程中依赖母语中介过多会影响作文的质量，或者说英文作文水平低的学生不得不更多使用中文思维。究竟使用中文思维是导致作文水平低的原因还是结果，相关分析不能回答这个问题。这里我们只能推断：写作思维过程中，汉语使用比例的高低可以在很大程度上预测作文的得分。

表3. 高分组和低分组使用中文词数的比例

组别	学生	中文总词数	英文总词数	中文词数占中英文总词数的比例	作文等级排序
高分组	学生4	448	842	35%	6
	学生2	596	769	44%	5
	学生6	247	580	30%	4
	平均数			37%	
低分组	学生3	567	936	38%	3
	学生5	587	524	53%	2
	学生1	958	542	64%	1
	平均数			51%	

上述结果刚好与Lay（1982），Zamel（1982），Cummings（1987）和Friedlander（1990）的结论相反。造成差异的原因可能是多方面的。其中的一个重要原因是，他们的结果都不是来自精确的量化数据。仅凭受试自己的报告和研究者的印象，所得结论很可能不准确。当然，这里不能排除另一种可能性，即上述提到的研究，包括本文报告的研究在内，样本人数都很少，所得结果缺少可靠性。

3.2 母语在外语看图作文过程中的功能

根据对有声思维数据的分析，母语在某一语言单位形成过程中，主要有五个功能（见表4）：（1）转换中介；（2）内容生成中介；（3）形式检索中介；（4）内容验证中介；（5）程序管理中介。

表4. 母语功能的分类及其定义

母语功能名称	定义
转换中介	与后面紧跟着的英文有直接联系的中文，是作者转换英文的依据。
内容生成中介	在形成内容过程中所使用的母语，用于对内容的推理、判断、选择、监控、联想和提问。
形式检索中介	在形式检索过程中所使用的母语，用于对形式的判断、选择、推理、评价、监控、联想和提问。
内容验证中介	用英文倒译成的母语，用于检查所用的英文形式是否表达了自己想要表达的内容。
程序管理中介	在决定写作程序时所用的母语。

下面，我们首先从静态的角度，分别举例说明母语五种不同的功能；然后以动态的方式说明在外语句子/从句形成的过程中，这五种不同功能如何交替发挥作用。

3.2.1 对母语功能的静态描述

3.2.1.1 转换中介

转换中介指与英文作文内容有直接联系的中文内容，是作者转换成外语语言形式的依据。判断转换中介的标准只有一个，即中文和与之相对应的英文内容紧密连在一起，没有被其他与之没有联系的中英文所阻隔，例（1）和例（2）中画线的部分就是转换中介[3]：

> （1）<u>吃过早饭以后</u>，after having breakfast, after having his, after having his, after having his breakfast.（学生4）
>
> （2）<u>上气不接下气</u> quite out of breath, <u>可能上课过了吧</u> the class had begun.（学生5）

3.2.1.2 内容生成中介

所谓内容生成中介，就是指作者在表述作文内容生成过程中的各种思维活动时所用的母语，例如，用母语进行推理、判断、选择、监控、联想和提问等。它与转换中介的不同之处有两点：一是用于内容推理、选择、监控、联想和提问的母语，都与要写的外语作文没有直接联系，最终不进入转换阶段，但它有助于作者对图画的理解，最终形成要表达的内容；二是用于判断内容的母语中，虽有一部分与英文作文内容有直接联系，但与之相关的英文内容没有紧跟在相应的中文后面，而被其他中英文的思维活动所阻隔。下面用一些例子来说明这个问题。

3　为保证研究材料的真实性，本书引用的研究对象的语言错误未改正。下划线为笔者所加，后同。

（3）"肯定是来晚了，肯定是起来晚了"（内容判断中介），要不然他咋能会，咋能会救了人，救了一个盲人就迟到呢（内容推理中介）。起来晚了，起来晚了（内容判断中介）。穿衣服，穿衣服Tom put on clothes, clothes quickly... 从clothes quickly, quickly这再加上，加上从句吧for he用哪个系动词呢？ for he, for he, wa wake up late，算了，woke up, woke up late, woke up late.（学生1）

（4）还没有把他的意思表达出来（内容监控中介），这一幅画到底咋说呢（内容提问中介）？（学生1）

（5）到了学校之后，他发现已经晚了，and he found when go to his school, he run，这太啰唆了（内容监控中介）。（学生2）

（6）……车快来了，这开车的也是，你看不见前面有人吗？那为啥非要往前开呢？道德品质极其恶劣，这个道德品质好（内容联想中介），小明过去了，冲上去 rushed up and pulled him back.（学生5）

（7）汤姆怎么跟他说话呢（内容提问中介）？汤姆要走了必定要跟他说句话（内容推理中介），汤姆跟他说的是什么（内容提问中介）？（学生3）

（8）When he realized what had happened, he was，当他意识到了发生了什么，可能很高兴（内容判断中介），还是又激动又高兴呢（内容选择中介）？（学生5）

在例（3）中，画线部分是对内容的推理，它与英文作文内容没有直接的联系。"起来晚了"是对内容的判断，与之相联系的英文在后面出现了，但在"起来晚了"和 he woke up late 之间，有一系列与"起来晚了"没有直接联系的中英文交替活动。假设 he woke up late 紧接在"起来晚了"后面，"起来晚了"就是转换中介。例（4）和例（5）中的画线部分"还没有把他的意思表达出来""这太啰唆了"是作者对自己所写内容的评价或者监控。例（6）中的画线部分是作者对图画内容的联想，或者说是对别人行为的评价。例（4）中"这一幅画到底咋说呢？"和例（7）中"汤姆怎么跟他说话呢？"及"汤姆跟他说的是什么"称为"内容提问"，这一类问题表明作者在内容的形成上碰到了暂时的困难。例（8）中画线的部分是对内容的选择。

3.2.1.3 形式检索中介

形式检索中介用于表述在外语形式检索过程中所产生的各种思维活动，其中包括对语言形式的判断、选择、推理、评价、监控、联想和提问，下列例子中，画线部分说明了母语在此过程中的不同功能：

（9）A good deed 是复数还是单数（形式选择中介）？ did a good deed, 做了一件，一件好事（形式推理中介），对, did a good deed. （学生 2）

（10）This time, as he was going to cross the street, He saw, He 应该小写（形式监控中介），这是一个主句，主句（形式推理中介）。（学生 4）

（11）再加个，加个 with, 再加个 with（形式判断中介），no thought for his safety, with no thought for his own safety 怪好哩，正好管用，老师讲的这词组正好管用（形式评价中介）。（学生 1）

（12）穿过人行道咋说呢（形式提问中介）？（学生 5）

（13）用啥词儿呢？他不顾自己的安危，对，上一

次老师才讲的完形填空（形式联想中介）。（学生1）

3.2.1.4 内容验证中介

有声思维记录显示，作者有时在一个外语语言单位形成后，又把它倒译成中文，有时是全译，有时只是译其中的一部分。笔者设想，这里倒译的原因是为了要检验所形成的外语语言单位是否符合自己要表达的内容，这种倒译时使用的母语，就是内容验证中介。例如，下列例子中画线的部分：

（14）Almost strike him 差一点撞着他了（内容验证中介），就在这一刹那间，冲上去，rushed up and pull him back 拉了回来（内容验证中介）。（学生5）

（15）When he explained why he 他为什么来晚了 why he was late to his teacher 当他给老师解释他为什么来晚了（内容验证中介），when he explained.（学生3）

（16）When Tom passed through the street, he suddenly saw 突然看见（内容验证中介），suddenly saw a blind man 一个盲人（内容验证中介）。（学生2）

当然，这里不能排除另一种可能性，即作者倒译是为了照顾前后内容的联系。由于当时没有在有声思维结束后立即和受试面谈这个问题，因此这里的分析只能是一种假设，有待今后进一步研究。

3.2.1.5 程序管理中介

程序管理中介用于决定写作的程序，比如，作者用母语思考究竟先写，还是先看下一幅图画；究竟先修改，还是先往下写等活动。此时使用的母语就称为程序管理中介，它与英文作文内容没有联系。由于受试要求完成的是看图作文，就其程序上的思考在整个写作过程中并不多，但笔者考虑到对母语功能描述的完整性，还是将其单独列为一大类。另外，出于将来研究的需要，学生在完成用外语命题作文时，用于程序管理的母语肯定是不可缺少的一部分。下面例子中的画线部分就是程序管理中介。

（17）<u>先别忙，先写上一点</u>（程序管理中介）。想起来，想起来好像，电视里边，跟电视里边放的普通生活中，肯定是……（学生1）

（18）<u>马上再修改，先写完</u>（程序管理中介）a car went up with high speed.（学生5）

3.2.2 母语功能的动态描述

根据学生有声思维的数据，我们概括出了母语在外语句子写作过程中的动态功能（见图2）。

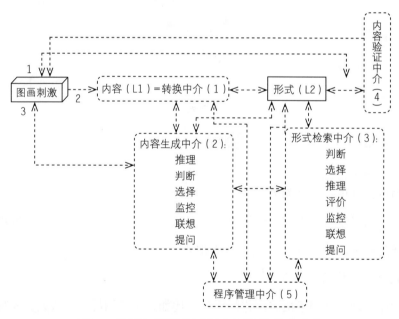

图2. 外语句子写作过程中母语的动态功能

如图2所示，学生在接受了图画刺激后，可从下列三种选择中挑选任何一种路径开始英语句子的写作：图画→外语；图画→转换中介；图画→内容生成中介。图中所有箭头都用虚线连接，以表示箭头所标出的路径只是可选择的路径之一。凡是箭头标向带虚点的方框，就表示写作过程中有母语参与，其具体功能如框中所注。箭头标向带实线的方框，表示语言形式是外语。双向箭头表示所标出的路径可以形成环路。由于篇幅的限制，我们不可能用例证说明图中标出的所有可能组合的路径。下面，我们以例子说明三种途径产生英语句子/从句的过程中，母语功能交替使用的情况。

（19）After he arrive, got to his school, when 当他（内容验证中介），when he got to school, he found that 他发现（内容验证中介），he found that, class has, class, classes, class has, class had, class begin, he found that 过去完成时（形式监控中介），he found that class had, had begun. （学生2）

（20）他又穿过马路，就在他上学的路上，他要穿过一条马路（转换中介）on her, on his way to school, way, to school, s-c-h-o-o-l, on his way to school, he 他要穿过一条马路（转换中介）he had to, he had to cross, c-r-o-s-s, he had to cross a street 他要穿过一条马路（内容验证中介）。（学生5）

（21）他到底是在等汽车还是在穿马路，这有个路标，路标？哦，不对，他的腿在往前走着哩。可能是往前走，可能是往前走，正当，可能是正当他，正当他，正当他，正当，他慢慢走，前面有 quickly，他现在慢慢走？(内容推理中介) 一会儿再改，先写上，先写出来再想 (程序管理中介)。他往前走 (转换中介)，when he, he, 用 when 好些 (形式判断中介)，when 表示突然 (形式推理中介)，he was walking, he was, he was walking, he was walking toward school, toward school, 用 school 现在就说 (内容判断中介)，不对 (内容监控中介)，离 school 还远着呢 (内容推理中介)，先这样写 (程序管理中介)，toward school.（学生 1）

在例（19）中，作者选择了第一种路径，即在三次接受了图画刺激后，头脑中首先出现的都是英语：After he arrive, got to his school, when; he found that; class has, class, classes, class has, class had, class begin。有趣的是，这三个英语语言单位的后面都出现了中文。"当他"和"他发现"是对相应英文的部分或全部倒译，目的在于验证所要表达的内容。思维中出现的"过去完成时"是对形式的监控。

例（20）中作者选择的是第二种路径，即看了图画后，将要表达的内容先用中文表述出来，然后再以中文为中介分两次转换成英文。当第二次转换结束以后，作者又把英文倒译成中文。

例（21）的作者选择了第三种路径：看到图画以后，没有用中文直接形成要表达的内容，而是用中文对图画的内容进行分析、推理并对写作程序做出决定（见画线部分），其中除了"他往前走"以外，其他部分都与英文作文的内容没有直接关系。但他将"他往前走"转换到一半时，对 when 的用法产生了疑问，于是用中文作为形式判断和推理的中介，解决了 when 的问题，此后作者对内容 toward school 又提出了问题，他先认为可以用 toward school，但立刻又否定了这一想法，提出的理由是"离学校还远着呢"，这时作者不能马上想出解决的方法，只好决定"先这样写"。

从上述三个例子可以看出，无论学生选择哪一种途径，几乎都避免不了母语的参与。

3.3 高分组和低分组在使用母语功能类别上的差异

在第一个问题中，我们已经得出结论：在英文看图作文的过程中，高分组学生使用母语参与思维的比例比低分组的学生低14%，这一结果揭示了高分组和低分组使用母语思维的总体趋势，但我们并不能就此推断出这两组学生在使用每一类母语功能上的具体差异。因此，下面我们根据列出的母语功能类别，逐一比较这两组学生使用中文的情况，比较的内容包括三个方面：母语功能类别数量上的差异，即哪一组使用的功能类别多；每个母语功能类别所用中文词数占中文总词数比例上的差异；母语功能出现的频率和使用中文的平均长度。

3.3.1 使用母语功能类别的数量差异

从母语功能的五个大类来看，高分组只有前四类，没有第五类（见表5）。这就是说，在看图作文的过程中，高分组中没有人用母语来描述写作的程序，而低分组用了10次，所用的中文词46个，占中文总词数的2%。事实上，低分组需要对程序做出选择，一般是因为对前面所写的内容发生了疑问，想修改但又不能立刻拿出很好的解决方法。

从内容生成中介和形式检索中介所包括的小类来看，高分组没有"内容选择""形式评价"和"形式联想"这三小类。问题是低分组在这几个小类上使用的中文词数占中文总词数的比例也很低。笔者猜想这很可能不是高分组和低分组之间的真正差异。如果样本扩大了，这种情况仍旧存在，我们才能比较有把握地做出结论：高分组使用母语的功能类别比低分组少。

3.3.2 每个母语功能类别所用中文词数占中文总词数比例上的差异

表5列出了某母语功能使用词数占中文总词数的百分比，具体的计算方法如下：

$$\text{某个母语功能类别所占的百分比} = \frac{\text{高分组／低分组使用某个母语功能时所用的中文词数}}{\text{该组使用中文的总词数}} \times 100\%$$

高分组在一些功能类别上所占比例比低分组高，在另一些功能类别上，比低分组低。这一结果再也不像问题一中所得到的结论那么简单了。高分组使用母语作为转换中介的占中文总词数的36%，而低分组只占15%；高分组在内容验证上使用的中文词数占中文总词数的16%，是低分组5%的三倍多；高分组用母语作为内容生成中介的比例只有28%，而低分组高达57%；用于形式检索中介和程序管理中介的比例，高分组略低于低分组。现在我们可以对问题一中得出的结论做进一步的修订，即在英文看图作文的思维过程中，虽然高分组总体上使用母语比低分组少，但在作为转换中介和内容验证中介方面，比低分组使用的母语却多得多，少只是少用于内容生成中介、形式检索中介和程序管理中介上；虽然低分组在总体上使用母语比高分组多，但用于转换中介和内容验证中介上的母语比例却比高分组低得多。

在五个母语功能类别中，只有用于转换中介的母语跟英文作文的内容有直接联系，因此高分组多用母语作为转换中介，对英文作文质量的提高可能有积极的帮助。内容验证中介是用于检验所形成的外语形式是否与作者要表达的内容相一致，因此它可能对英文作文质量的提高也有促进作用。低分组在内容生成过程中使用了大量的母语，很显然这对写好英文作文帮助不大，因为所用母语中的绝大部分都与作文内容没有任何关系。

那么，为什么低分组要在这一类活动上花这么大气力和时间呢？是低分组不知道其中的奥秘吗？不能排除有一部分学生确实缺少这方面的知识和技能，因此对他们需要进行必要的训练。笔者认为，问题可能不会如此简单。低分组在内容生成过程中多用母语只是现象，其真正的原因可能是，低分组对图画的理解能力以及用母语写作的能力不如高分组，因此在内容的组织上需要用母语进行反复推敲。当然，联想活动的产生，不能说明内容生成上有困难，但过多的联想至少说明学生不知道如何将有限的时间用在写作上，很可能他们在母语写作时也有类似的情况。上述原因仅是笔者的推测，需要做进一步研究。

表 5.　高分组与低分组在使用母语功能类别上的差异

母语功能类别		低	分	组		高	分	组	
		使用中文的总词数	某母语功能使用词数占中文总词数的百分比	某母语功能出现的频率	平均长度	使用中文的总词数	某母语功能使用词数占中文总词数的百分比	某母语功能出现的频率	平均长度
转换中介		307	15%	79	3.9	463	36%	87	5.3
内容验证中介		115	5%	35	3.3	208	16%	56	3.7
内容生成中介	判断	433	21%	43	10.1	184	14%	27	6.8
	推理	323	15%	20	16.2	59	5%	6	9.8
	选择	26	1%	4	6.5	0	0	0	0
	联想	147	7%	11	13.4	11	1%	2	5.5
	监控	182	9%	32	5.7	85	7%	18	4.7
	提问	88	4%	18	4.9	32	2%	6	5.3
	小计	1 199	57%	128	9.4	371	29%	59	6.2
形式检索中介	判断	182	9%	56	3.3	139	11%	50	2.8
	选择	48	2%	13	3.7	17	1%	6	2.8
	推理	40	2%	6	6.7	35	3%	8	4.4
	评价	45	2%	11	4.1	0	0	0	0
	联想	14	1%	2	7.0	0	0	0	0
	监控	54	3%	17	3.2	30	2%	12	2.5
	提问	62	3%	18	3.4	28	2%	7	4
	小计	445	21%	123	3.6	249	19%	83	3
程序管理中介		46	2%	10	4.6	0	0	0	0
合计		2 112		375	6.2	1 291		285	4.8

3.3.3 使用中文的平均长度

表5分别列出了高分组和低分组使用每个母语功能的频率以及使用中文的平均长度。所谓使用中文的平均长度就是指每次使用某个母语功能时平均需要的中文词数，具体计算方法为：

$$使用中文平均长度 = \frac{使用某个功能所用的中文总词数}{某个功能出现的频率}$$

以高分组的转换中介为例。根据表5，高分组使用转换中介的频率为87次，共用中文词数463，那么就转换中介而言，使用中文的平均长度为5.3个词，即463除以87。就转换中介和内容验证中介来说，低分组的中文平均长度分别为3.9和3.3，低于高分组的5.3和3.7。在使用内容生成中介和形式检索中介时，低分组的中文平均长度分别为9.4和3.6，高于高分组的6.2和3。由于两组在内容验证中介和形式检索中介上使用的中文平均长度差异不大，因此不作进一步讨论。从逻辑上说，转换中介使用的中文平均长度越长，得到与之内容相近的英文形式也可能越长。如果上述推理能够成立，那么高分组转换的效率就比低分组高。为什么这两组的学生在这方面表现不一样？原因值得进一步研究。就其功能而言，内容生成中介是为了解决内容形成过程中碰到的问题，作者用中文进行推理、判断、选择、监控、联想和提问。所用中文的平均长度越长，说明问题解决得越不顺利，花的时间越多。从这个意义上说，低分组解决问题的能力比高分组低，其原因已在前面分析过，这里不再重复。

4. 结论

该项研究的结果可以归纳如下：

第一，从总体上看，外语写作能力高的学生比能力低的学生对母语依赖性小，但高分组比低分组多使用中文作为转换中介和内容验证中介；而低分组比高分组多用中文作为内容生成中介、形式检索中介和程序管理中介。就使用中文的平均长度而言，高分组用于转换中介和内容验证中介的中文平均长度高于低分组，但低分组用于内容生成中介和形式检验中介的中文平均长度高于高分组。由此可见，写作能力高的学生对母语的使用是有选择的。

第二，母语在外语看图作文过程中一般作为转换中介、内容生成中介、形式检索中介、内容验证中介和程序管理中介，它们在外语句子/从句形成的过程中交替出现。

第三，学生接受了图画刺激后，可以有三种选择开始英语句子的写作：（1）图画→外语；（2）图画→转换中介；（3）图画→内容生成中介。学生无论选择哪一种途径，几乎都避免不了使用母语。

以上结果，由于样本数量小，只能作为今后研究的假设。此外，该类课题还可以从以下几方面作进一步深入研究：（1）将有声思维和面谈结合，让学生自己陈述使用母语的原因；（2）研究学生进行英语命题作文时母语参与思维的情况；（3）将大学生英语看图作文的情况和高中生进行比较；（4）对学生写作过程进行必要的指导是否能控制母语的消极作用，而发挥其积极作用。

参考文献

- 郭纯洁，刘芳. 外语写作中母语影响的动态研究 [J]. 现代外语，1997 (4): 30-38.

- 中国社会科学院语言研究所词典编辑室. 现代汉语词典（第3版）[M]. 北京：商务印书馆，1996.

- ARNDT V. Six writers in search of texts: A protocol-based study of L1 and L2 writing [J]. EL T Journal Volume, 1987, 41 (4): 257-267.

- BROOKS E B. Case studies of the composing processes of five "unskilled" English-as-a-second-language writers [J]. Dissertation abstracts international, 1985, 47 (1): 164A.

- CUMMING A. Decision making and text representation in ESL writing performance [C]. Paper presented at 21st Annual TESOL Convention, Miami, 1987.

- DIAZ D. The adult ESL writer: The process and the context [C]. Paper presented at the 76th Annual NCTE Convention, San Antonio, 1986.

- FRIEDLANDER A. Composing in English: Effects of a first language on writing in English as a second language [M]//KROLL B. Second language writing. Cambridge: Cambridge Applied Linguistics, 1990.

- GRABE W, KAPLAN R B. Theory and practice of writing [M]. New York: Longman, 1996.

- JACOBS S. Composing and coherence: The writing of eleven pre-medical students [M]//Linguistics and literacy series 3. Washington, D.C.: Center for applied linguistics, 1982.

- JOHNSON C. The composing process of six ESL students [J]. Dissertation abstracts international, 1985, 46 (5): 1216A.

- KOBAYASHI H, RINNERT C. Effects of first language on second language writing: Translation vs. direct composition [J]. Language learning, 1992, 42 (2): 183-209.

- LAY N. Composing processes of adult of ESL learners: A case study. [J]. TESOL quarterly, 1982, 16 (2): 406-407.

- URZUA C. "You stopped too soon": Second language children composing and revising [J]. TESOL Quarterly, 1987, 21 (2): 279-304.

- WEN Q F, JOHNSON R K. L2 learner variables and English achievement: A study of tertiary-level English majors in China [J]. Applied linguistics, 1997, 18 (1): 27-48.

- WHALEN K, MENARD N. L1 and L2 writers' strategic and linguistic knowledge: A model of multiple-level discourse processing [J]. Language learning, 1995, 45 (3): 381-418.

- ZAMEL V. Writing: The process of discovering meaning [J]. TESOL Quarterly, 1982, 16 (2): 195-209.

- ZAMEL V. The composing processes of advanced ESL students: Six case studies [J]. TESOL quarterly, 1983, 17 (1): 165-187.

三 构建我国外语类大学生思辨能力量具的理论框架[4]

1. 引言

近年来，外语类学生思辨能力的强弱问题引起一些争论。有些专家学者认为，外语专业学生患有"思辨缺席症"，其思维能力明显低于其他文科专业学生，需要引起密切关注和认真研究（何其莘等，1999；"入世与外语专业教育"课题组，2001）。也有学者不同意这样的结论（与王克非、陈国华的交谈）。他们认为，学习和掌握一门外语，理应使人的眼界更开阔，思维更灵活，不少外语专业出身的学者最后都成了大家。外语专业的学习究竟是制约了学生思维能力的发展，还是促进了学生思维能力的发展，无法凭空回答这个问题。目前，我们缺乏具有效度与信度的量具以评估我国外语专业与非外语专业大学生的思维能力，也无法确定两类学生在思维能力方面是否真的存在差异。

笔者就此申请了国家社会科学基金项目"我国外语类大学生思维能力现状研究"，计划通过多次试测，不断检验量具的信度与效度，最终设计出比较有

4　原载《外语界》2009年第1期，37—43页。作者为文秋芳、王建卿、赵彩然、刘艳萍、王海妹。本文相关研究获得国家社科基金项目"我国外语类大学生思维能力现状研究"（编号08BYY026）和北京外国语大学"211工程"（三期）建设经费资助。本文源于第一笔者于2008年11月15日在上海外国语大学召开的"2008年中国英语教学研究会年会"上的发言。

效的量具。开发一个符合我国国情、信度高且效度好的大学生思维能力测量工具是一项长期而艰巨的任务，需要不断评价、修改与完善。本项目只是为完成该任务所迈出的第一步。

本文只报告该项目第一阶段完成的任务及其结果。全文分为三个部分：（1）国内外大学生思维能力研究现状述评；（2）国内外相关思维能力模型评析；（3）中国大学生思辨能力量具的理论框架构建。

2. 国内外大学生思维能力研究现状述评

2.1 术语界定

"Critical thinking skills" 这一术语在西方被广泛使用；我国不少学者将其译为 "批判性思维能力"。文秋芳（2008）指出，该译文歪曲了原义。"critical" 源于希腊语的两个词根：一个是 "kriticos"，意为 "有眼力的判断"；另一个是 "kriterion"，意为 "标准"，指 "运用恰当的评价标准，进行有意识的思考，最终做出有理据的判断"（Paul & Elder, 2006：20）。文秋芳建议将 "critical thinking skills" 译为 "高层次思维能力"。最近与中国外语教育研究中心研究员讨论这个术语的翻译时，大家也认为 "批判性思维能力" 确有误导成分，但他们又不赞同译成 "高层次思维能力"，因为这样的译法含混，容易引发过于宽泛的解释，大家建议译成 "思辨能力"。我们决定采纳他们的建议，因为思辨能力比高层次思维能力更确切，也更能反映高等教育的培养目标。正如北伦敦大学校长 Brian Roper 指出的：高等教育应该培养学生的抽象思维能力、逻辑思维能力、有效推理能力及论据评价能力（Chapman, 2005）。本文所用的 "思辨能力" 与 "critical thinking skills" 相对应，涵盖北伦敦大学校长提出的大学生应具有的几种思维能力。需要说明的是，思辨能力只是思维能力的重要部分，不能涵盖思维能力的全部，比如，不包括形象思维能力。我们申请的项目中所提及的 "思维能力" 也只是 "思辨能力"。涉及国外 "critical thinking skills" 时，本文采用 "思辨能力"；涉及国外 "thinking skills" 时，本文采用 "思维能力"；涉及国内文章时，本文尊重原文作者的用法。另外，所涉及内容如既有 "思辨能力"，又有"思维能力"，本文采用"思维能力"。

2.2 国外研究现状

近20年来，西方国家，尤其是美国，对大学生思辨能力的研究越来越重视。他们的研究大致可以分为三类：界定思辨能力的分项能力；构建思辨能力的量具；探索高等教育中思辨能力培养的途径及其有效性。

（1）定义研究。清晰界定思辨能力的分项能力是基础性工作。1987年，美国哲学联合会（American Philosophic Association）委托著名的哲学家、作家Peter Facione召集了美国和加拿大45位有名望的哲学家、科学家与教育专家，经过两年多轮严格的共同探讨，完成了"特尔斐"项目（The Delphi Project）（American Philosophic Association，1990），构建了思辨能力的双维结构模型。同期，美国思辨中心（Foundation for Critical Thinking）主任Richard Paul从教学需求出发，构建了思辨能力的三元结构模型（Paul，1995：195）。双维结构模型与三元结构模型的具体内容将在下文介绍。

（2）量具研究。为了测量大学生的思辨能力，目前开发的量具已有20多种。例如，美国"特尔斐"项目组开发了两个量具（Insight Assessment，2008）：①"加利福尼亚思辨技能量表"（California Critical Thinking Skills Test，CCTST）；②"加利福尼亚思辨倾向问卷"（California Critical Thinking Disposition Inventory，CCTDI），并经过了四年的信度和效度检验。欧洲最大的评估公司剑桥评估集团研发了"剑桥思维能力测试"（Cambridge Thinking Skills Assessment，CTSA），从2001年开始在剑桥大学试用，参考人数逐年增长。2007年11月，剑桥大学的29个学院中，已有27个把它作为入学测试的一部分（剑桥大学入学考试网站，2008）。

（3）教学研究。研究者围绕思辨能力是否能教、如何教等问题展开了系列研究。除了关注各学科共同的思辨能力外，不少研究者着力分析各学科特需的思辨能力，如医学、生物科学、会计学、护理学等。Pithers和Soden（2000）总结了英国高等教育界在该领域的研究状况，指出了高校教学在此方面存在的诸多问题。

2.3 国内研究现状

目前，国内对中小学生的思维能力发展研究较多（林崇德，2006），对大学生思维能力的研究未完全起步。现在国内还没有综合的、可靠的大学生思维能力测评工具。现有工具大都是对国外量具的翻译和修订，也有少数自编量具，但这些自编量具多数缺乏可靠的信度和效度检验。

对外语类大学生思维能力的实证研究更是寥寥无几，为数极少的研究仅限于分析大学生的英语演讲（高一虹，1999）、英语口语与英语作文（文秋芳，1999；文秋芳，刘润清，2006）。但是，演讲、口语、作文等均不能全面反映外语专业学生的思维水平。

2.4 研究意义

近20年来，为了应对全球化竞争加剧的形势，西方发达国家，尤其是美国，将思辨能力培养列为高等教育的重要任务。从1993年开始，美国政府将其列为大学教育目标（The National Education Goals Report—1993），同时学界对这方面的研究也很重视。根据罗清旭（2002）的报告，1970年到2000年间，美国心理学和教育学领域中围绕"思辨能力"完成的学位论文有158篇；美国国会图书馆共收藏114本与"思辨能力"相关的著作；发表的相关论文不计其数。

目前，我国几乎还没有高校将思辨课程列为大学生的必修课。由于缺乏具有信度和效度的量具，这方面的实证研究更为鲜见。本课题从构建思辨能力的理论框架入手，构建适合测量中国外语类大学生思辨能力的工具，进而对外语类大学生的思辨能力进行测量与分析。这一课题具有重要的理论意义与实践意义。理论框架的构建与量具的研发有利于我国大学生思辨能力理论的创建，测量的结果有助于准确诊断我国外语类大学生的思辨能力是否存在问题，以及弄清楚这些问题是大学生普遍都有的问题还是外语类大学生特有的问题。

3. 国内外相关思维能力模型评析

目前比较有影响的思维能力理论框架有"特尔斐"项目组提出的双维结构

思辨能力模型、Richard Paul 的三元结构思辨能力模型和林崇德的三菱结构思维能力模型（2006）。下面，笔者将对这三个模型逐一进行评析。

3.1 双维结构模型

从 1988 年 2 月到 1989 年 12 月，"特尔斐"项目组采用质化法，经过六轮充分讨论，最终求同存异，将思辨能力界定为认知能力与情感特质两个维度。认知能力可分解为六项：（1）阐释；（2）分析；（3）评价；（4）推理；（5）解释；（6）自我调节。其中，分析、评价与推理为核心技能，每项认知能力又包括多项子能力。情感维度包括好奇、自信、开朗、灵活、公正、诚实、谨慎、好学、善解人意等（见表6）。

表 6.　双维结构模型

认知能力（cognitive skills）						情感特质（affective dispositions）
阐释（interpretation）	分析（analysis）	评价（evaluation）	推理（inference）	解释（explanation）	自我调节（self-regulation）	
归类，理解意义，澄清意思	分析看法，找出论据，分析论证过程	评价观点，评价论据	质疑证据，提出替代假设，得出结论	陈述结果，说明方法，得出论据	自我评估，自我纠正	好奇、自信、开朗、灵活、公正、诚实、谨慎、好学、善解人意等

3.2 三元结构模型

Paul 和 Elder（2006）提出了三元结构模型，即标准、元素和智力特征（见图3）。该模型的中心是与思维相关的八个元素。他们认为，思维应该是由目的、问题、信息、概念、假设、视角、推理、启示这八个元素形成思维的循环链。每个思维元素都应该运用10条标准去衡量或者检验。人的智力特征必须随着思维能力的发展而发展，否则高效的思维能力可能走向狭隘，变成利己主义，最终无所建树。

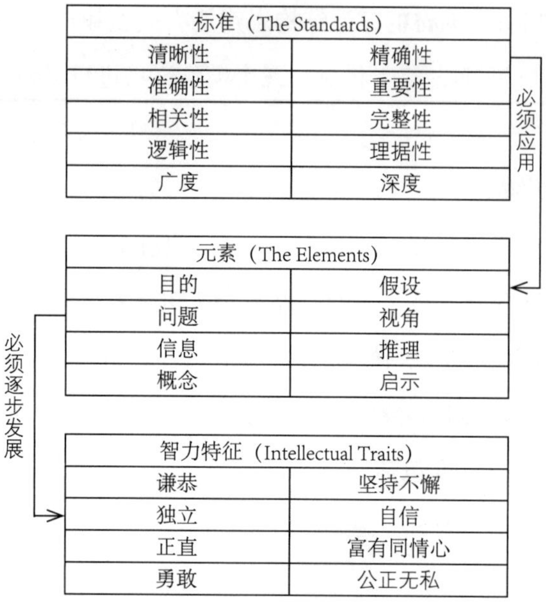

标准 （The Standards）	
清晰性	精确性
准确性	重要性
相关性	完整性
逻辑性	理据性
广度	深度

必须应用

元素 （The Elements）	
目的	假设
问题	视角
信息	推理
概念	启示

必须逐步发展

智力特征 （Intellectual Traits）	
谦恭	坚持不懈
独立	自信
正直	富有同情心
勇敢	公正无私

图3. 三元结构模型

比较双维结构模型与三元结构模型，两者相同的地方是：都有类似的情感特征。这表明，两个理论模型都赞成认知与情感不可分割。传统西方理论主张，认知与情感是两个互为独立的系统，而最近的科学研究结果表明这两者关系密切。例如，研究发现，由于大脑损伤导致情感能力丧失的病人也失去了理性判断能力，其中包括道德层面上的判断力（Watson-Gegeo，2004）。双维结构模型与三元结构模型的不同点有两个：其一，前者从认知技能出发，后者从思维元素出发。笔者认为从技能出发的好处是，不受思维内容限制，应用起来具有更大的灵活性，而且46位专家经过六轮反复讨论才达到的共识肯定更具普遍性。其二，三元结构模型包括了思维的10条标准。建立标准便于自我评估、自我调节、自我完善个体的思维能力，同时也便于对他人的思维能力进行评价。从这个意义上说，三元结构模型优于双维结构模型，但10条标准过多，可以进行适当压缩。

3.3 三棱结构模型

林崇德（2006）提出了三棱结构模型，该模型包括六种因素：思维的目的、思维的过程、思维的材料、思维的监控、思维的品质、思维活动中的非智力因素（见图4）。笔者认为，这六种因素与Paul和Elder提出的三元结构模型有较多相似之处。例如，思维的目的、思维的过程、思维的材料都包含在三元结构模型的思维元素之中，思维的品质与标准很相近，非智力因素与智力特征有相通之处。该模型的一个优点是将思维的监控置于顶部，具有统管全局的能力。换句话说，这个能力是元思维能力（meta-thinking），应该置于其他因素的上一个层次。逻辑上说，这个说法符合事实。人的自我调节能力不仅对计划、检验、调节、管理与监控认知能力起作用，而且对非智力因素起着同样的作用。遗憾的是，林崇德在文章中没有特别强调它与其他因素之间的层级关系。

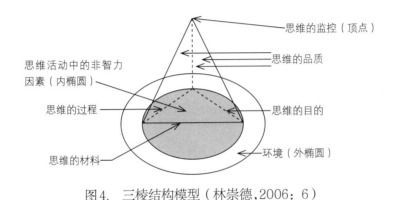

图4. 三棱结构模型（林崇德，2006：6）

比较上述三个模型，笔者认为，双维结构模型整体上直观易懂，可以作为本研究的基本框架，但三元结构模型中的标准以及三棱结构模型中对自我调节的全局作用的认定，应该融入我们的理论框架。

4. 我国思辨能力量具的理论框架：层级模型[5]

文秋芳（2008）在借鉴双维结构模型、三元结构模型与三棱结构模型的基

5　该层级模型曾咨询了以下专家的意见：北京大学刘壮虎教授，北京师范大学陈英和教授与车宏生教授，北京外国语大学吴一安教授、周燕教授、朱红教授和张朝意副教授。在此一并致谢。

础上，提出了层级模型（见表7）。层级模型主张将思辨能力细化为两个层次：元思辨能力和思辨能力。元思辨能力是指对自己的思辨计划、检查、调整与评估的技能；思辨能力包括与认知相关的技能和标准，以及与思辨品质相关的情感特质。处于第二层次的思辨能力受第一层次元思辨能力的管理与监控。将这两种思辨能力置于上下层关系，目的是突出思辨者的主观能动性在思辨能力中的主导作用。层级模型的基本框架借用的是双维结构模型的框架，但在认知维度上增加了三元结构模型中的"标准"。

表7. 思辨能力层级理论模型（参考文秋芳，2008：30）

元思辨能力（自我调控能力）——第一层次		
思辨能力——第二层次		
认知		情感
技能	标准	好奇（好疑、好问、好学）
分析（归类、识别、比较、澄清、区分、阐释等） 推理（质疑、假设、推论、阐述、论证等） 评价（评判预设、假定、论点、论据、结论等）	精晰性（精确、清晰） 相关性（切题、详略得当、主次分明） 逻辑性（条理清楚、说理有根有据） 深刻性（有广度与深度） 灵活性（快速变化角度、娴熟自如地交替使用不同思辨技能）	开放（尊重、容忍不同意见，乐于修正自己的不当观点） 自信（相信自己的判断能力、敢于挑战权威） 正直（追求真理、主张正义） 坚毅（有决心、毅力，不轻易放弃）

层级模型的认知技能只列举了双维结构模型中的三项核心技能：分析技能、推理技能与评价技能。分析技能包括归类、识别、比较、澄清、区分、阐释等分项技能；推理技能包括质疑、假设、推论、阐述、论证等分项技能；评价技能是指对假定、论证过程、结论等的评判技能。

层级模型将三元结构模型中的10条标准精简为五条。这五条认知标准包括精晰性、相关性、逻辑性、深刻性与灵活性。精晰性即指思辨应清晰与精确；相关性即指思辨内容应与主题密切相关，详略得当，主次分明；逻辑性即指思辨应条理清楚，说理有根有据，具有说服力；深刻性是指思辨活动具有广度与深度；灵活性则要求能够娴熟、恰当地变换角度思考问题。

层级模型中的情感维度概括起来包括五个情感特质：好奇、开放、自信、正直、坚毅。好奇，即指思辨者对新事物充满兴趣，喜欢刨根问底，对司空见惯的现象善于提出新问题，对新知识、新技能具有强烈的学习愿望；开放，即表明思辨者心胸开阔，眼界宽广，能够尊重、容忍不同意见，并乐于修正自己的不当观点；自信，具有这一特质的思辨者对自己的分析、推理、评价能力信心很足，敢于向权威挑战；正直，即指思辨者所思所想的出发点是为追求真理和正义，而非个人私利；坚毅，即指思辨者具有很强的韧性，不怕挫折，锲而不舍。

以上框架是笔者构建思辨能力量具的理论基础。要将理论框架转换成具有操作性的测试题目，还有许多工作要做。例如，我们需要考察国内外可供参考的各种与思维能力测量相关的量具，分析各种量具的题型以及测试内容，进而确定我国外语类大学生思辨能力量具的具体内容、题型及操作程序。笔者未来的计划大致包括评析现有量具、设计新量具、试测、根据试测结果调整量具、再试测、再调整……如此多次循环，才可能完成拟定任务。严格说来，量具的完善将永无休止。

参考文献

- 高一虹. 外语学习木桶的"短板"——从一次失败的演讲谈起[J]. 国外外语教学, 1999 (3): 5-9.

- 何其莘, 殷桐生, 黄源深, 刘海平. 关于外语专业本科教育改革的若干意见[J]. 外语教学与研究, 1999 (1): 24-28.

- 剑桥大学入学考试网站[EB/OL]. [2008-12-07]. www.admissiontests. cambridgeassessment.org.uk.

- 林崇德. 思维心理学研究的几点回顾[J]. 北京师范大学学报（社会科学版）, 2006 (5): 35-42.

- 罗清旭. 批判性思维理论及其测评技术研究[D]. 南京：南京师范大学, 2002.

- "入世与外语专业教育"课题组. 关于高校外语专业教育体制与教学模式改革的几点思考——写在中国加入WTO之际（一）[J]. 外语界, 2001 (5): 9-15, 65.

- 文秋芳. 口语教学与思维能力的培养[J]. 国外外语教学, 1999 (2): 1-4.

- 文秋芳. 论外语专业研究生高层次思维能力的培养[J]. 学位与研究生教育, 2008 (10): 29-34.

- 文秋芳, 刘润清. 从英语议论文分析大学生抽象思维特点[J]. 外国语, 2006 (2): 49-58.

- American Philosophical Association. The Delphi report executive summary: Research findings and recommendations prepared for the Committee on Pre-college Philosophy [D]. ERIC Doc. No. ED315423, 1990.

- CHAPMAN J. The development of the assessment of thinking skills [EB/OL]. http://www.cambridgeassessment.org.uk/ca/digitalAssets/109493_The_development_of_the_Assessment_of_Thinking_Skills.pdf, 2005.

- Insight assessment [EB/OL]. [2008-12-06]. http://www.insightassessment.com/test2cctst.html.

- National education goals panel. The national education goals report-1993, Volume on the national report[EB/OL]. [2008-04-12]. http://www.ed.gov/pubs/goals/report/goalsrpt.txt.

- PAUL R. Critical thinking: How to prepare students for a rapidly changing world [M]. Santa Rosa: Foundation for Critical Thinking, 1995.

- PAUL R, ELDER L. Critical thinking: Learn the tools the best thinkers use [M]. New Jersey: Pearson Prentice Hall, 2006.

- PITHERS R T, SODEN R. Critical thinking in education: A review [J]. Education research, 2000 (2): 237-249.

- WATSON-GEGEO K A. Mind, language, and epistemology: Toward a language socialization paradigm for SLA [J]. The modern language journal, 2004, 88 (3): 331-350.

四 我国英语专业与其他文科类大学生思辨能力的对比研究[6]

1. 引言

长期以来，外语学界的专家与学者在多个场合批评外语专业学生的分析、推理、评价等思辨技能[7]比较薄弱，不如其他文科类大学生（何其莘等，1999；"入世与外语专业教育"课题组，2001）。这种批评常常基于印象，少数凭借间接证据，如英语口笔头表达中出现的逻辑性差、论证不充分等问题（高一虹，1999；文秋芳，1999；文秋芳，刘润清，2006）。为了用实证数据回答这个问题，笔者就此问题展开了系列研究。目前，本项目已经完成了三项任务：（1）构建测量大学生思辨能力量具的理论框架（文秋芳等，2009）；（2）根据理论框架设计量具，在三所大学750名大学生中开展了先导研究（文秋芳等，2010）；（3）根据先导性研究结果，对量具进行进一步修订后，2009年11月在全国12所高校的2 770名学生中进行了测试。本文将报告该测试的研究结果。

6 原载《外语教学与研究》2010年第5期，350—355页。作者为文秋芳、王海妹、王建卿、赵彩然、刘艳萍。本研究获得国家社科基金项目"我国外语类大学生思维能力现状研究"（编号：08BYY026）和北京外国语大学"211工程"（三期）建设经费的资助。

7 本文的思辨能力与国外critical thinking skills的意思相同（具体解释见文秋芳等，2009），思辨技能用于指思辨能力的分项技能。

2. 文献回顾

在国际人才竞争极其激烈的背景下，西方国家对学生思辨能力的培养越来越重视。Boeckx（2010）指出，新知识呈几何级数增长，如果仅仅花气力学习与掌握知识点，很可能在校学会的东西毕业时就已经陈旧。应该将解决问题的思辨能力作为教育目标。McPeck 和 Siegel 呼吁"思辨能力培养应该是教育中不可或缺的环节，而不是自由选项。这是受教育的必须的条件"（转引自 Dobson，2008：3）。国外对大学生思辨能力的研究始于20世纪80年代末。不同学科的专家参与了界定思辨能力内涵及分项技能的研究，同时积极开发量具测试学生思辨能力的状况。目前已开发成功的量具有20多种。其中，剑桥大学等高校已将思辨能力水平作为入学考试的一部分，有些高校已单独开设思辨课，以促进学生思辨能力的发展，增进他们对思辨能力的了解与重视（文秋芳等，2009）。

与国外相比，我国的研究有明显差距，其差距不在理念上，主要在行动上。类似"开发学生的创新思维，注重学生分析问题与解决问题能力的培养"等语句高频次地出现在我国不同层次的教育文件或相关报告中。最近公布的《国家中长期教育改革与发展规划纲要（2010—2020年）》中也特别强调，"注重学思结合。倡导启发式、探究式、讨论式、参与式教学，帮助学生学会学习"。我国古代先哲也在《论语·为政》中有训导，"学而不思则罔，思而不学则殆""博学而笃志，切问而近思，仁在其中矣"。应该说，在培养学生思辨能力重要性的认识上，我国与国外没有太大差异。

遗憾的是，我国对大学生思辨能力现状的实证研究寥寥无几，更无系统的实证研究结果可用于指导教学实践。本项目是我国首个大规模文科类大学生思辨能力调查研究，具有很强的尝试性与探索性，期待本项目的研究结果能激发更多的后续研究。

3. 研究设计

3.1 受试

本研究的受试共 2 318 名，来自 11 所高校[8]14 个专业。学校类型包括综合类、理工类、财经类、师范类院校。每个学校一、二、三年级的英语专业与其他文科专业各有一两个班参加。非英语专业学生的选择首先考虑文、史、哲专业，其次考虑经、法、管专业。为了增加英语专业与其他文科专业学生的可比性，每个学校选择的其他文科专业学生的高考成绩须与当年入学英语专业学生的水平相当。最后进入数据分析的有 2 189 名学生，另有 129 人的数据被删除，其原因是缺失数据超过一半。2 189 名学生中英语专业学生为 991 人，其他文科专业学生为 1 198 人。受试情况详见表 8。

表 8. 11 所高校各年级受试人数

学校	学校类型	人数	一年级	二年级	三年级
1	理工类 985	147	57	43	47
2	省部共建省属综合类	185	57	61	67
3	省部共建省属财经类	213	88	65	60
4	省属普通师范类	206	55	68	83
5	省部共建省属财经类	184	71	53	60
6	省属普通师范类	277	96	97	84
7	理工类 985	167	60	54	53
8	综合类 985	187	60	66	61
9	2004 年专升本省属财经类	224	83	78	63
10	财经类 211	279	150	76	53
11	理工类 211	120	43	39	38
合计		2 189	820	700	669

---

8 实际参加本次研究的有 12 所大学，其中一所外语类 211 学校的数据没有包括在内。原因是该校参加测试的学生除了英语专业外，还有德语、西班牙语、金融专业的学生，他们都是作为外语专业学生入学的。因此，这所学校没有其他文科专业学生的数据与之比较。

3.2 测试内容

在构建量具之前，文秋芳等（2009）首先构建了思辨能力量具的层级理论框架，并对国内外现有的思辨能力量具进行了分析与评价。在此基础上，笔者用题型、难易度、数量相同的A、B两卷在750名大学生中进行了先导研究（文秋芳等，2010）。先导研究完成后，笔者立即召开了课题咨询会，对原有量具进行了修订。

新量具包括40道题，分为10类。表9列出了各类题型的名称、题目数量及对题型的简要说明。本量具主要测试学生的分析（归类、识别、比较、澄清、区分、阐释等）、推理（质疑、假设、推论、阐述、论证等）与评价（评判预设、假定、论点、论据、结论等）技能。本测试的总体难易度为.61，区分度为.31，内部一致性信度为.70，其效度证据有三个。第一，该量具能够较好地区分生源质量不同的参加测试的学校；第二，该量具基本能够区分三个不同年级学生的思维水平；第三，思辨能力测试成绩与英语专业笔试成绩呈显著正相关（文秋芳等，2010）。总体来说，本测试达到了统计的基本要求，可以用于进一步研究。

表9. 本测试题型、题数与内容说明[9]

序号	题型名称	题数	题型内容说明
1	识别预设/论点	6	给出一个陈述，要求受试就给出的与陈述相关的四个预设或四个论点做出合适的选择。
2	推论/形式推理	5	给出一个包含推理过程的陈述，要求受试在陈述为真的前提下，在给出的四个结论或推理结果中做出合适的选择。
3	匹配相似推理/运用潜在规则	4	给出一个包含推理过程的陈述，再给出四个包含推理过程的选项，要求受试从中选出与题干推理过程最为相似的一个选项，或与题干的潜在推理规则相同的选项。
4	辨别推理错误/评价推理	5	给出一个包含推理错误的陈述，要求受试指出四个选项中哪个选项是陈述所包含的推理错误；给出一个包含推理过程的陈述，要求受试根据四个选项对推理的正确性及其理由进行判断。
5	评价附加证据对结论的影响	3	给出一个含有结论的陈述，再给出四个附加证据，要求受试对附加证据是削弱还是加强了陈述的结论加以判断。

---

9 非常抱歉，我们不能公布测试原题。设计量具耗时费力，一旦公布，日后就无法再用。

四 我国英语专业与其他文科类大学生思辨能力的对比研究

序号	题型名称	题数	题型内容说明
6	数字题	2	给出涉及数字的推理陈述，要求受试经过逻辑运算，从四个选项中选出正确答案。
7	图表题	2	给出图表、数字和简单描述，要求受试根据所给信息从四个选项中选出正确答案。
8	根据争论内容评价结论	5	简单介绍两人争论的议题，然后给出五个单人发言，这五个发言之间没有联系。要求受试就单个发言的内容和逻辑做出判断：若结论是所给论据的必然结果，选A；若结论与所给论据相矛盾，选B；若结论既不是所给论据的必然结果，也不与所给论据相矛盾，选C。
9	根据试验报告评价陈述	3	给出一项实验的简介和实验数据，然后列出三道题，每题含有两个陈述。要求受试根据所给信息对题目中的两个陈述做出判断并选择：如果你认为第一个陈述更可信，选A；如果你认为第二个陈述更可信，选B；如果你无法判断哪个陈述更可信，选C。
10	分析案例评价推论	5	描述一个案例，并给出五个推论，要求受试对五个推论做出判断：A=推论绝对正确；B=推论很可能正确；C=推论缺乏足够资料/依据；D=推论很可能错误；E=推论错误。

3.3 测试实施

测试于2008年11月至12月间举行。测试分班级或年级进行，时间为45分钟。一般情况下每班有两位老师负责监考：一名为课题组成员；另一名为任课教师。测试前，老师根据统一的测试指导向学生解释测试要求、测试步骤与需注意的问题。受测学生被明确告知，该测试来源于国家社会科学基金项目，目的是了解大学生思辨能力现状。个人测试结果会告知每个受试。

3.4 数据分析

本研究所用数据来源于前期已经构建好的SPSS数据文件，因此不必对数据再进行清理与纠错等预处理工作。涉及的主要分析方法有独立样本t检验与单因素方差分析及两两配对比较。

4. 研究结果

本研究具体要回答三个问题：（1）英语专业与其他文科学生两个整体样本是否在思辨能力上存在显著差异？（2）英语专业学生与同年级的其他文科学

生相比是否每个年级都存在显著差异？（3）英语专业一、二、三年级内部与其他文科学生三个年级内部的差异趋势是否相同？下文将围绕这三个研究问题逐一报告研究结果。

4.1 比较两类学生总体样本

表10列出了两类学生总体样本的描述性数据和独立样本检验的结果。英语专业学生思辨能力的平均分为61.07，其他文科学生的平均分为58.32，两者的均差为2.75。同时英语专业学生思辨测试成绩的标准差还小于其他文科学生的成绩。这表明英语专业学生不仅思辨能力测试成绩高，而且内部的差异还小于其他文科学生。独立样本t检验结果进一步表明，他们之间的差异具有统计意义，显著性达到.000水平。

表 10.　两类学生总体样本的比较

专业	人数	平均分	标准差	均差	t	p
英语专业	991	61.07	11.96	2.75	5.17	.000
其他文科	1 198	58.32	12.88			

4.2 按年级比较两类学生

还有一个重要问题需要考虑：是英语学习促进了思辨能力的发展，还是英语专业学生在入学时思辨能力就比其他文科学生高？表11表明，英语专业每个年级学生的思辨能力都高于同年级的其他文科学生，一年级平均高出3.65分，二年级高出2.64分，三年级高出1.62分，其中，一年级学生优势最明显。这似乎表明，英语专业学生在思辨能力测试中显示出的优势主要源于新生的总体水平明显好于其他文科学生。

比较两类学生每个年级的均差，很显然，随着年级的提高，两类学生的均差在逐步减少，从一年级的3.65降到二年级的2.64，最后降到三年级的1.62，差异显著性的水平也随之发生变化。一年级差异显著性达到.000水平，二年级达到.006，三年级的差异就不再具有统计意义了。换言之，虽然外语专业学生在入学时的思辨能力高于其他文科学生，但这种优势逐渐丧失，到三年级时，就不复存在。为什么其他文科学生入学时的思辨能力低于英语专业学生，经过大学三年学习就能赶上去？是其他文科学生比英语专业学生更努力呢？还是其他文科课程的学习与英语专业相比更有利于培养学生的思辨能力呢？基于目前的数据，我们还难以给出准确的答复，但这个问题值得进一步讨论（见下文讨论部分）。

表 11.　按年级比较两类学生的成绩

年级	英语专业			其他文科			均差	t	p
	人数	平均分	标准差	人数	平均分	标准差			
1	365	60.38	12.32	455	56.74	12.79	3.65	4.125	.000
2	315	60.43	12.08	385	57.79	13.11	2.64	2.771	.006
3	311	64.54	11.31	358	60.92	12.38	1.62	1.755	.078

4.3 比较两类学生的变化趋势

表12分别显示了两类学生三个年级各自的变化趋势。就总体趋势而言，两类学生的思维水平都随着年级的升高而提高，且变化差异分别达到.03与.000显著性水平。这表明大学期间学生的思辨能力不断提高，但英语专业三个年级内部变化幅度没有其他文科学生明显。

比较两类学生的进步情况，英语专业学生显然不如其他文科学生。英语专业学生一年级到二年级的均差只有.05，基本上是原地踏步，二年级到三年级的均差为2.11，不具有统计意义（p = .087），一年级到三年级的均差为2.16，也未达到统计显著性水平（p = .065）。

表 12.　英语专业与其他文科学生三个年级之间差异趋势的比较

对比年级	英语专业			其他文科专业		
	均差	p	三个年级之间的比较	均差	p	三个年级之间的比较
1—2年级	-.05	.999	F=3.418 p=.03	-1.05	.495	F=11.26 p=.000
2—3年级	-2.11	.087		-3.14	.004	
1—3年级	-2.16	.065		-4.19	.000	

这似乎说明英语专业学生思辨水平的提高没有关键期。其他文科学生，一年级到二年级的均差为1.05（$p = .495$），二年级到三年级的均差为3.14（$p = .004$），一年级到三年级的均差为4.19（$p = .000$）。除一年级与二年级的差异未达到显著性水平外，其他差异均具有统计意义。这意味着他们进步的关键期是在二年级到三年级之间。初步结论是：大学三年期间，英语专业学生思维水平有小幅量变，但未呈现质变的阶段性特征。其他文科学生不仅进步幅度大，而且呈现质变的关键期在二年级到三年级之间。

5. 结果与讨论

5.1 主要结果

根据上述三个研究问题，结果归纳如下：

（1）英语专业学生总体思辨水平显著高于其他文科学生；

（2）英语专业学生一、二、三年级的思辨水平均高于其他文科学生，但仅有一年级与二年级的差异达到统计要求，其差异逐年缩小，第三年时已无显著差异；

（3）两类学生一、二、三年级思辨水平内部的变化均达到显著性水平，但英语专业学生三年内变化的幅度明显小于其他文科学生；英语专业学生思辨水平虽有小幅量变，但未出现质变的关键期，一年级到二年级，二年级到三年级与一年级到三年级之间的差异均未达到显著性水平，而其他文科学生变化幅度大，同时呈现质变的关键期在二年级到三年级之间。

基于以上结果，我们将进一步讨论以下两个问题：第一，英语界专家学者对英语专业学生的批评有道理吗？第二，为什么英语专业学生大学三年的学习对其思辨能力发展的影响没有其他文科学生强？

5.2 英语学界专家学者的批评有道理吗？

我们还不能简单地下结论。虽然英语专业学生比其他文科学生思辨测试成绩高，这并不能表明英语专业学生的思辨能力就已达到要求。很可能，这两类大学生的思辨能力都处于低水平。外语界专家学者熟悉英语专业学生的情况，了解他们的问题所在，因而一针见血地提出了批评。从这个意义上说，他们的批评没有错。推定其他文科学生的思辨水平比英语专业学生强好像不符合上述结果。但这一点也并非全无道理。他们大学三年的进步比英语专业的学生显著得多。按照这一速度继续前行，或许到大学毕业时，他们的思辨水平就会超过英语专业学生。本研究因未涉及四年级的毕业生，结果如何，有待进一步调查。

5.3 英语专业学习对思辨能力发展的影响为什么不强？

根据上述研究结果，我们可以推断英语专业课程对大学生思辨能力发展的积极影响至少比不上其他文科专业课程。可能有人对这一结论会有怀疑。按照他们的推理，多学一门外语，应该视野更开阔，思维更灵活，没有理由比不过其他文科专业。我们认为，稍稍分析英语专业的学习内容与方法，就能消除他们的怀疑。

根据2000年颁布的《高等学校英语专业英语教学大纲》（下文简称《大纲》）规定，英语专业学习分为两个阶段：一、二年级为基础阶段；三、四年级为高年级阶段。基础阶段的主要教学任务是"传授英语基础知识，对学生进行全面的、严格的基本技能训练，培养学生实际运用语言的能力、良好的学风和正确的学习方法，为进入高年级打下扎实的专业基础"。高年级阶段的主要教学任务是"继续打好语言基本功，学习英语专业知识和相关专业知识，进一步扩大知识面，增强对文化差异的敏感性，提高综合运用英语进行交际的能力"。根据这一规定，英语专业学生进入大学的首要任务是要娴熟地掌握一门外语。英语专业一年级的英语起点水平至多是本族语者小学高年级水平。从认知角度看，英语专业学生的认知水平远远高于所学习内容要求的认知水平，因此学习内容对学生思辨水平缺乏应有的挑战。就语言的学习过程而言，模仿、记忆、重述是不可或缺的练习环节。如此大量的练习显然不是训练分析、推理、评价技能的最佳任务。高年级虽有专业课，但课时少，且由于语言水平的限制，思辨能力训练的空间也很有限。而其他文科学生的学科内容学习，没有语言障碍，其深度与广度都可能形成对学生认知的挑战，其思辨技能训练的时间与空间明显多于英语专业的学生。

5.4 本研究的局限

上述研究虽涉及11所高校共2 189名学生，但研究结果是否能应用于全国文科学生还有待进一步验证。本研究采用横向调查方式，测试的一、二、三年级学生不是同一批学生，由此推断出的各年级思辨能力的发展情况很可能不准确，需要跟踪研究，做进一步检验。用于本研究的量具具有较好的信度与效度，但难度与区分度参数并不十分理想，也有待进一步改进。量具采用了多项选择的客观题形式，未能测量到思辨能力中的综合技能（即对一段输入综合分析后，对重要信息进行归纳重组的技能）。因此，对结果的解释还有待进一步研究来证实。

参考文献

- 高一虹.外语学习木桶的"短板"——从一次失败的演讲谈起[J].国外外语教学, 1999 (3): 6-9, 5.

- 何其莘，殷桐生，黄源深，刘海平.关于外语专业本科教育改革的若干意见[J].外语教学与研究, 1999 (1): 24-28.

- "入世与外语专业教育"课题组.关于高校外语专业教育体制与教学模式改革的几点思考——写在中国加入WTO之际（一）[J].外语界, 2001 (5): 9-15, 65.

- 文秋芳.口语教学与思维能力的培养[J].国外外语教学, 1999 (2): 1-4。

- 文秋芳，刘润清.从英语议论文分析大学生抽象思维特点[J].外国语, 2006 (2): 49-58.

- 文秋芳，王建卿，赵彩然，刘艳萍，王海妹.构建我国外语类大学生思辨能力量具的理论框架[J].外语界, 2009 (1): 37-43.

- 文秋芳，赵彩然，刘艳萍，王海妹，王建卿.我国外语类大学生思辨能力客观性量具构建的先导研究[J].外语教学, 2010, 31 (1): 55-58, 63.

- BOECKX C. Language in cognition: Uncovering mental structures and the rules behind them [M]. Hong Kong: Blackwell, 2010.

- DOBSON C. Critical thinking skills: Measuring higher cognitive development with bloom's taxonomy [M]. La Vergne: Lightning Source Inc., 2008.

第二部分

二语教学研究

导　言

　　本部分选取的四篇文章记录了产出导向法的发展历程：从输出驱动假设到输出驱动-输入促成假设，再到产出导向法的正式命名，最后将其扩展到对外汉语教学。我在这一阶段的研究取向发生了重大变化。我不再俯身于西方文献，寻找西方研究的空缺，然后从空缺出发开展研究，而是开始考虑这两个问题：中国外语教学质量为什么上不去？存在的根本问题是什么？也就是说，笔者从本土问题出发，再去学习中西方理论，从中汲取营养，试图找到解决问题的方案。这一出发点的转换给笔者带来了理论创新的机遇。这就是本部分四篇文章产生的背景。

　　第一篇文章《输出驱动假设与英语专业技能课程改革》刊发在《外语界》2008 年第 2 期上。文章的基本思路源自笔者于 2007 年 5 月 22 日在上海外语教育出版社举办的"首届全国英语专业院系主任高级论坛"上的发言。本文针对英语专业技能课程教学中存在的弊端，提出输出驱动假设。基于这一假设，笔者对现有英语专业技能必修课的课程设置与教学方法的改革提出一些建议。截至2019年8月7日，该文在中国知网被下载7 217次，引文次数为801次。

第二篇文章《输出驱动–输入促成假设：构建大学外语课堂教学理论的尝试》刊发在《外语教育研究前沿》（原《中国外语教育》）2014年第2期上。文章内容源自笔者于2014年3月21日至22日在外语教学与研究出版社举办的"全国高校大学英语教学发展学术研讨会"上的发言。该发言报告了基于试验结果对输出驱动假设进行的修订与完善。截至2019年8月7日，该文在中国知网被下载3 468次，引文次数为512次。

第三篇文章《构建产出导向法理论体系》刊发在《外语教学与研究》2015年第4期上。这是笔者首次构建产出导向法的理论体系。该体系包括三个部分：（1）教学理念；（2）教学假设；（3）以教师为中介的教学流程。教学理念包括"学习中心说""学用一体说""全人教育说"；教学假设涵盖输出驱动、输入促成和选择性学习；教学流程由驱动、促成和评价三个阶段构成，教师要在整个流程中恰当地发挥中介作用。教学理念是其他两个部分的指导思想，教学假设是教学流程的理论支撑，教学流程是教学理念和教学假设的实现方式。该文在外语教学中产生了重要影响。截至2019年8月7日，该文在中国知网被下载13 009次，引文次数为672次。

第四篇文章《产出导向法与对外汉语教学》

刊发在《世界汉语教学》2018年第3期上。这是笔者首篇发表在汉语界的文章。本文首先介绍创建产出导向法的背景，接着描述该理论发展的五个阶段，其中重点阐释第五阶段再次修订的理论体系，最后指出在对外汉语教学中应用该理论需要注意的问题。截至2019年8月7日，该文在中国知网的被下载次数已达3 602次，引文次数为43次。目前，这一方法已引起汉语国际教育界的广泛关注。2019年5月，应意大利那不勒斯、米兰、佛罗伦萨三家孔子学院的邀请，笔者以"产出导向法"为题，给中外方教师举办了讲座，受到了热烈响应。目前，北京外国语大学朱勇教授带领的团队正在使用产出导向法教材进行教学。

五　输出驱动假设与英语专业技能课程改革[10]

1. 引言

根据2000年颁布的《高等学校英语专业英语教学大纲》(以下简称《大纲》),英语专业课程分为英语专业技能、英语专业知识和相关专业知识三种类型。其中,英语专业技能课程涵盖综合技能和单项技能训练课程,如听、说、读、写、口译、笔译课程,其学时占总学时的67%(见《大纲》第5页)。从技能课学时占总学时的比例来看,英语专业毕业生的总体质量在很大程度上取决于英语专业技能课的质量。近20年来,英语专业技能课程设置没有明显变化,最近一次有关英语专业技能课程设置的争论还是在20世纪90年代初,争论的议题是:英语精读课是否要取消?社会在发展,生源在变化,我们对语言学习的规律认识也在逐步加深,重新审视、评估、调整英语专业技能课程迫在眉睫。

本文就英语技能课程的改革提出输出驱动假设,旨在激起英语专业教师对课程改革的兴趣和讨论。该假设包括三个子假设:第一,从心理语言学角度,该假设认为输出比输入对外语能力发展的驱动力更大。一个没有输出驱动的学习过程,即便有高质量的输入,其习得效率也有限;第二,从职场英语需要出

10　原载《外语界》2008年第2期,2—9页。本文的基本思想源自笔者于2007年5月12日在上海外语教育出版社举办的"首届全国英语专业院系主任高级论坛"上的发言。

发，该假设提出培养学生的说、写、译表达性技能比培养听、读接受性技能更具社会功能，尤其是口译、笔译技能；第三，从外语教学角度，该假设认为以输出为导向的综合教学法比单项技能训练法更富成效，更符合学生未来的就业需要。

本文提出的输出驱动假设与 Swain（1985）的输出假设相比，虽然两者都认为输出可以促进二语能力的发展，但它们有明显的不同之处。其一，两个假设所针对的学习群体不同。输出驱动假设只针对中、高水平学习者，不适合初学者或低水平学习者，而 Swain 的输出假设不区分学习群体。其二，两个假设适用的学习环境不同。输出驱动假设只限于正式的外语课堂教学，不适用于二语环境或非正规外语教学，而 Swain 的输出假设对教学环境未作限定。其三，两个假设对输出的界定不同。输出驱动假设认为输出不仅包括说和写，还包括口译与笔译，而在 Swain 的输出假设中，输出不包括译的技能。

2. 提出输出驱动假设的动因

提出输出驱动假设的动因有两个：（1）通过对职场英语使用功能的分析，进一步认识了职场交际活动的主要形式；（2）通过对二语习得输出心理机制的重新认识，进一步理解了输出对语言发展的积极推动作用。

2.1 对职场英语使用功能的分析

我国职场英语的交际形式多种多样，比如，听—说（把用外语听到的事向别人转述）、听—写（把用外语听到的事记录成文）、读—说（阅读外语资料后向别人转述其内容）、读—写（阅读外语资料后用自己的语言写成文章）、听—译（两种语言之间的口译活动）、读—译（两种语言之间的笔译活动）。听和读虽然是基础的、首要的，但没有说、写、译的外化活动，听懂和读懂的内容外界无从知晓。体现职场英语交际活动成效的终结形式是说、写、译活动，单一的听力活动或者单一的阅读活动几乎没有。即便是以听为主的军事情报侦听部门，侦听所得的内容最终也需要用书面形式呈现；以阅读为主的杂志或报纸审稿、编辑部门，最终也需要用书面形式写出对文章的评价。进一步分析职场中以输出为终结形式的交际活动，我们还会发现，口译、笔译出现的频率远远高于说和写。除外资公司以外，在一般合资公司或企事业单位中，使用英语时，一般都离不开中、英两种语言文字的转换。

毋庸置疑，输入对外语学习很重要。学习者通过大量的阅读和听力活动，能够不知不觉地接触外语，潜移默化地获得外语知识，形成外语的语感。从逻辑上说，没有输入，就没有输出。值得思考的问题是：针对中高水平外语学习者的课程设置应该有别于针对初学者或低水平外语学习者的课程设置。如今，对于即将走上工作岗位的外语类大学生而言，具备流畅的表达性技能更为重要。而目前英语专业仍旧实行以接受性技能训练为导向的课程设置，表达性技能课学时安排明显不足（见《大纲》第3页和第5页），例如，说、写、译课占总英语技能课学时的比例还不到三分之一，口笔译技能课的总学时数更是非常有限，有的学校甚至从未开设口译课。因此，为加强表达性技能的培养，现行英语专业技能课程设置必须调整。

2.2 对二语习得输出心理机制的重新认识

Krashen（1985）认为，可理解性输入是二语习得的唯一条件，输出只是输入的自然结果，对语言习得没有直接作用。而Swain（1985）基于对加拿大法语沉浸式课程实践效果不尽如人意的原因分析，提出了输出假设。该假设认为，二语习得不仅需要可理解的输入，也需要可理解的输出。1995年，Swain进一步归纳了输出的四个功能：（1）增加语言的流利度；（2）提高学生对语言形式的注意程度，揭示所想与所能之间的差距；（3）帮助学习者检验语言假设；（4）促进学生对语言形式的反思能力。

Izumi（2002，2003）从心理语言学视角对Swain提出的输出功能逐一进行了分析。Levelt（1989）的口语产出理论与Anderson（1982）的信息加工理论认为输出不能产出全新的陈述性知识，但它可以加快陈述性知识向程序性知识转化，也就是说，输出可以促进流利程度的提高。Izumi认为，提高流利度仅是输出的一个功能，其实输出者在提高流利度的同时，可以通过内部监控系统，注意到自我语言形式中的缺失（noticing the hole）。这种对语言缺失的自我注意就是语言发展的潜在动力（Hanaoka，2007）。正如Scovel（1998）所说，交际是个互动的过程。这种互动不只发生在两人之间，也发生在每个人大脑的内部。人在说话或写作时，有两个平行系统在工作：一个是输出系统；另一个是编辑、修正、监控系统。它们之间会产生互动。正是这种大脑内部互动为输出者提供了分析自我语言体系不足的机会。

当输出者注意到自我语言体系有缺失时，他可以通过多种渠道进行修补。例如：（1）当外部反馈有可能时，输出者可以尝试使用自己没有把握的语言形式，即进行假设测试，然后根据对方的反馈来修正自己的表达形式；（2）当权威人士（如教师、本族语者）在现场时，输出者可以直接求助，以扩充自己的语言知识体系；（3）如果是小组活动，输出者可以充分利用小组资源获取自己所需的语言形式；（4）如果输出者独自完成任务，可以寻找其他替代形式或重组已有知识；（5）如果及时得到相关输入，输出者能够从中寻找到补救自己缺失的办法。Izumi认为，无论采取哪一种方法，输出者的语言体系都能得到一定程度的重组与拓展。她勾画了输出在二语习得过程中的作用（见图5）。

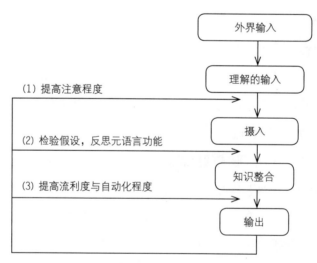

图5. 输出在二语习得过程中的作用（Izumi，2003：188）

我国英语专业课程设置和教学实践多年来秉承重输入、轻输出的指导思想，但在英语专业学生整体水平有了大幅度提高的今天，我们亟须在教学理念上把输出的作用凸显出来。目前，入学的英语专业学生已经在中学至少学习了六年英语，掌握了基本语法知识和 2 000 个常用词汇，具备了基本的交际能力，但现有的课程设置仍旧以接受性技能训练为主。教师提供新输入时，往往一厢情愿地认为新输入的单词与语法对学习者未来的语言运用会有帮助；而学习者对新知识未来用途的认识不清，只知道未来可能有用，但不明了何时何地有用。好学生可能会认真地将输入的知识储备起来，更为现实的学生可能为了应付考试而储备知识。如此学习，学生缺乏强烈的欲望和好奇心，而由语言缺失引发的学习是一种学习者自我驱动的学习。首先发现缺失的是学习者自身，弥补缺失也是学习者的自我愿望。此刻，学生处于"我要学"而不是"要我学"的状态。笔者认为，对于中高水平的学习者，调动学习积极性的最好方法就是创造机会让学生主动寻求知识盲点以激发弥补盲点的欲望。如果我们能从教材教法各个环节着手，营造一种输出氛围，促使学生不断地问自己"我该怎样用英语表达 X？""我该怎样用英语表达 Y？"，且不失时机地"雪中送炭"，提供相关输入，学习者就会如饥似渴地吸收自己所需的语言形式。

2.3 小结

基于上述对职场英语使用功能的分析，以及对二语习得输出心理机制的重新认识，笔者认为，现有以输入技能训练为主的课程设置，既不能满足学生迫切运用英语交际的需要，也不利于盘活学习者多年积累的语言知识，更不利于学生未来的就业；现有的教学方法推崇单项技能训练，既违背了语言运用的真实性，也不符合职场的实际需要。有人可能会提出，根据《大纲》要求，"基础英语"与"高级英语"是综合技能课。笔者认为，《大纲》虽对此做了规定，但这两门课的实际教学并未跳出传统"精读课"的框框。一般方法以阅读为着手点，在提高学生阅读理解能力的同时，让学生学习新单词、新短语、新句型，说、写、译练习主要是用来检验阅读理解的深度和巩固新语言形式的使用。从这个意义上说，说、写、译只是手段，而不是培养目标。输出驱动假设

3. 输出驱动假设在教学改革中的运用

3.1 改革现有的课程设置

依据输出驱动假设，英语专业技能必修课包括技能导学课、赏析课、口头表达课、笔头表达课、口译课（英译中和中译英）与笔译课（英译中和中译英）。在四个学年中，英语专业技能课程学时的分配情况大致如下（见表13）：

表 13. 英语专业技能课程（必修）的学时安排

	技能导学课	赏析课	口头表达课	笔头表达课	口译课		笔译课	
					英译中	中译英	英译中	中译英
1上	2	2	4	4				
1下	2	2	4	4				
2上		2	2		2		2	
2下		2	2	2		2		2
3上		2	2	2	2		2	
3下		2	2	2		2		2
4上					2	2	2	
4下						2		2

以输出为终结形式的综合技能课学时约占技能课总学时的80%

根据表13，除技能导学课与赏析课以外，其他均是以输出为终结形式、输入为输出服务的综合技能课，其学时约占技能课总学时的80%，这就彻底改变了以输入为主导的传统英语技能课程设置。技能导学课和赏析课是新增课程。技能导学课培养学生自主学习的能力；赏析课培养学生的鉴赏能力，让学生通过读英文报纸、杂志、小说和看英文电影及听英文广播，拓宽视野、陶冶情操、丰富人生。这两门课的增设源于笔者对学生全面发展需求的考虑，与输出驱动假设无关，不是本文的重点，下面不再讨论。

与一般课程设置相比，本课程设置除了增设两门课以外，明显的不同之处在于：（1）取消了听力、基础英语阅读、高级英语课；（2）大幅度增加了口头表达与笔头表达课的比例，并将一、二年级口头表达课延长至三年级；（3）口译和笔译课的比重有了大幅度增加，现有《大纲》中口译课只开设两个学期，笔译课只开设三个学期，本课程设置中口译和笔译课的开设分别增加到六个学期。

为什么如此大幅度增加口译、笔译课的学时呢？笔者认为，当年制定《大纲》时，学生入学时的英语水平普遍偏低，语言基础差，不可能给口译、笔译课安排更多学时。现在高中毕业生的英语水平有了普遍提高，英语专业教学再固守原来的课程设置，就不能适应当前毕业生就业的需要。同时，笔者认为口译和笔译技能是综合技能，这两项技能除了可以强化学生中英文的理解和表达能力，还可以与学生专业知识的拓展有机结合。

需要特别说明的是，这里讨论的课程设置只涉及课堂教学。事实上，课外学习是英语学习的重要组成部分。笔者认为，学生除了完成课内的学习任务之外，还应该充分利用课外时间，根据自己的兴趣和爱好进行大量的阅读和听力活动。由于篇幅所限，本文不讨论学生的课外英语学习。

3.2 重新描述英语专业技能必修课的分项教学要求

表14列出了重新描述英语专业技能必修课分项教学要求的框架。笔者认为，每门课程的要求应该考虑两个方面：语言与学习能力。语言又分为三个板块：（1）语言技能与知识；（2）文化知识；（3）思维能力与思维品质。这三个板块的设立基于语言的三大功能：交际功能，信息功能和思维功能（卫灿金，1997）。逻辑上说，这三种功能密不可分。只要使用语言，语言就同时体现交际、信息、思维这三种功能。从信息功能来说，语言既可以承载比较单一、浅显的文化知识，也可以承载多样、内容深刻的文化知识；从思维功能来说，语言可以作为低层次思维的工具，也可以作为高层次思维的工具。过去的英语教学过分强调了语言的交际功能，因此语言所传递文化知识的丰富性、深刻性及

其高层次思维功能没有得到充分重视。

表 14. 英语专业技能必修课教学要求的描述框架

英语专业技能课程	语言			学习能力
	语言技能与知识	文化知识	思维能力与思维品质	
口头表达课	发展听－说能力、读－说能力、读－写－说能力；学习语音、语法、词汇知识	扩大中外政治、经济、科技、社会、语言、文学、文化等知识	提高分析能力、综合能力、评价能力；增强思维的逻辑性、灵活性、深刻性、多维性	掌握学习听－说技能、读－说技能、读－写－说技能的方法
笔头表达课	发展听－写能力、读－写能力、读－说－写能力；学习语法、词汇知识			掌握学习听－写技能读－写技能、读－说－写技能的方法
口译课	发展听－译能力；学习语音语法、词汇知识			掌握学习听－译技能的方法
笔译课	发展读－译能力；学习语法、词汇知识			掌握学习读－译技能的方法

需特别指出的是，口译、笔译课中，学生可以学习必要的文化知识。比如，英译中时，可以将学生必须了解的国外政治、经济、科技、文化等方面的知识有意识地安排进去；中译英时，可以将学生必须了解的中国政治、经济、科技、文化等方面的知识巧妙地融入其中。学生在学习语言的同时也自然而然地获得了丰富的知识。

教育部于2007年颁发的2号文件《教育部关于进一步深化本科教学改革全面提高教学质量的若干意见》特别提到，"要努力提高大学生的学习能力"，《大纲》也提到了要培养学生正确的学习方法，但具体到每门课程，没有细化的要求，难以落实到课堂教学中。笔者提出将学习能力作为每门课程的教学要求，能够加强培养学生学习能力的可操作性。

3.3 全面采用综合技能教学法

实施输出驱动假设需要全面采用综合技能教学法，通过输入与输出的巧妙结合，组织课堂教学。表15列举了口头表达课、笔头表达课与口译、笔译课中可以开展的部分活动。在口头表达课中，有的活动是听、说结合，有的是读、说结合，有的是读、写、说结合；在笔头表达课中，有的活动是读、写结合，有的是听、写结合，有的是听、读、写结合；在口译和笔译课中，有听、译活动，也有读、译活动。与传统英语技能课不同，这里的听或读的活动不只是为了训练听力与阅读能力，更重要的是为了最大限度地调动学生的学习积极性去完成设定的口、笔头表达及口译、笔译任务。

表 15.　表达技能课中可采用的教学活动

	教学活动	学生活动
口头表达课	复述故事或故事梗概	边听边记，口头表述
	听报告后，传达报告精神	边听边记，口头表达
	阅读文献，口头报告文献要点	边读边记，口头表达
	看录像，复述新闻事件	边看边记，口头表达
	就一个主题演讲	写演讲稿，练习演讲，在人群中演讲
	就不同观点进行辩论	就论点论据思辨，写文字稿，参加辩论
笔头表达课	读故事写梗概	读故事，标出主要情节，撰写故事梗概
	听故事写梗概	边听边记，根据笔记撰写故事梗概
	读报告写小结	读报告，标出要点，撰写报告小结
	听报告写小结	边听边记，根据笔记撰写报告小结
	写读书报告	读小说，做读书笔记，撰写读书报告
	写案情分析报告	读侦探小说，记录重要线索，写案情分析报告
	写影评	看电影，查相关背景材料，撰写影评
	写书评	读书刊，标注要点，撰写书评
口译、笔译课	口译大会发言与提问（英译中或中译英）	根据文字稿进行书面翻译，然后根据听的内容边听边译或边听、边做笔记、边译
	口译谈判（中英互译）	边听、边做笔记、边译
	一般外事接待中的口译（中英互译）	边听、边做笔记、边译
	科技产品笔译（英译中）	阅读理解原文，进行翻译
	文学作品笔译	阅读理解原文，进行翻译
	文化传统专题笔译	阅读理解原文，进行翻译
	旅游景点名称笔译	阅读理解原文，进行翻译

上述综合技能教学活动可以通过对子、小组形式开展，强调互动性、体验性的合作学习方式，以此促进语言能力、思维能力、学习能力、沟通能力的同步发展。

3.4 为单项输出技能拔尖人才的培养提供绿色通道

推动输出驱动假设的运用，有利于单项输出技能拔尖人才的培养。目前英语专业的教学目标是使学生的听、说、读、写、译各方面技能都得到发展，成为全才通才。从理想来说，这是我们追求的完美结果，但在现实生活中，每个人精力有限，各有所长，彼此之间差异明显。比如，有人善于口头表达，有人长于缜密的写作。我们应承认这种差异，不要求所有学生都达到同一个标准，允许某些学生集中精力发展某项输出技能。这样，单项输出技能拔尖人才就能够脱颖而出。其实社会对外语人才的需求也是多样的。学生走上工作岗位后，职场往往对他们的某一单项输出技能有较高的要求。从事口译工作的，一般不需要具备特别强的英语写作能力和中英文笔译能力；反之，从事笔译工作的，一般不需要具备特别强的口译能力。进行综合技能教学的同时，注重培养单项输出技能，才能使专才与通才并存。当然，这里所谓的单项输出技能拔尖人才的量化标准是什么，他们其他输出技能的底线标准又是什么，都需要进一步探讨。

4. 结语

本文提出输出驱动假设，并据此提出了英语专业教学改革方案的初步设想。笔者认为，推动这项教学改革可能产生的明显效益有三点：（1）英语专业的技能课教学会显著区别于非英语专业教学，使得英语专业学生的说、写、译表达性技能可以及早得到系统而有效的训练，在人才市场中凸显英语专业毕业生自身优势；（2）通过综合技能教学法，能够有效地将技能训练、知识面拓宽、思维能力培养有机地融为一体；（3）以输出为驱动明显缩短了输入到输出的距离，缩短了表述性知识转化为程序性知识的周期，使学生容易产生成就感，调动其学习积极性，提高学习效率。

我国高校英语专业现行课程体制突出单项技能训练，重视输入的作用。这种强调以输入促进输出的教学理念延续了几十年，深入人心。英语教师几乎都是在这种课程体制下成才的。在现行的课程体制中，他们轻车熟路，得心应手。在这样的背景下，用输出驱动假设启动教学改革，希望人们摒弃熟悉的教学理念、教学方法和教材教案，去开拓新领域，探索新方法，其困难是可以想见的，目前没有相应的大纲，没有相应的教材，没有相应的教法，也没有相应的评估体系。教育既要与时俱进、改革创新，又要步步为营、稳步前行。笔者认为用输出驱动假设启动教学改革，一定要试点先行，取得共识后再逐步推行。我们可以先从一门课程做起。比如，试开"技能导学课"，组织团队撰写教学大纲，试用教学讲义，听取学生对课程内容、教学方法的意见，试用两轮后再考虑出版教材。

本文阐述了输出驱动假设，并对英语专业技能课程改革提出了一些建议。要实施这样一项重大的改革还有很多问题需要深入探讨，希望本文能够引起学界的关注与讨论。我国现行的英语专业技能课程设置已实施多年，随着时代的发展，应该与时俱进。

参考文献

- 教育部.教育部关于进一步深化本科教学改革全面提高教学质量的若干意见（教高〔2007〕2号）[R].2007.

- 卫灿金.语文思维培育学[M].北京：语文出版社，1997.

- ANDERSON J R. Acquisition of cognitive skill [J]. Psychological review, 1982 (89): 369-406.

- HANAOKA O. Output, noticing, and learning: An investigation into the role of spontaneous attention to form in a four-stage writing task [J]. Language teaching research, 2007, 11 (4): 459-479.

- IZUMI S. Output, input enhancement, and the noticing hypothesis [J]. Studies of second language acquisition, 2002, 24 (4): 541-577.

- IZUMI S. Comprehension and production processes in second language learning: In search of the psycholinguistic rationale of the output hypothesis [J]. Applied linguistics, 2003, 24 (2): 168-196.

- KRASHEN S. The input hypothesis: Issues and implications [M]. London: Longman, 1985.

- LEVELT W. Speaking: From intention to articulation [M]. Cambridge: The MIT Press, 1989.

- SCOVEL T. Psycholinguistics [M]. Oxford: Oxford University Press, 1998.

- SWAIN M. Communicative competence: Some roles of comprehensible input and comprehensible output in its development [M]//GASS S, MADDEN C. Input in second language acquisition. Rowley: Newbury House, 1985: 235-253.

- SWAIN M. Three functions of output in second language learning [M]// COOK G, SEIDLHOFER B. Principles and practice applied linguistics: Studies in honour of H. G. Widdowson. Oxford: Oxford University Press, 1995: 125-144.

六 输出驱动–输入促成假设：构建大学外语课堂教学理论的尝试[11]

1. 引言

2013年，在"以输出为驱动，探索课程教学的创新与突破"为主题的"全国高校大学英语教学发展学术研讨会"上，笔者以"输出驱动假设与课程教学创新"为题做了主旨发言。会后基于发言内容撰写了论文《输出驱动假设在大学英语教学中的应用：思考与建议》（文秋芳，2013）。该文系统介绍了基于"学用一体"理念提出的输出驱动假设，并提出了应用该假设的建议。与此同时，笔者在外语教学与研究出版社的支持和帮助下，组织五所高校的五位英语教师开展了教学试验，其中三位来自北京，一位来自天津，一位来自南京。每位教师根据输出驱动的理念设计了四小时的课堂教学方案，涉及的课型有综合英语课、视听说课、学术英语课。教学方案经讨论修改后，分别用于各学校的课堂教学试验。出于研究需要，每位教师的教学实况被录了像。试验结束后，笔者和五位教师对教学试验的结果进行了集体研讨，并结合试验中出现的问题探索了解决方案。

---

11 原载《中国外语教育》2014年第2期，3—12页。本文是"构建我国高校外语教师互动发展新模式"课题的阶段性成果。张文娟、常小玲及多位高校英语教师对本文的修改提出了宝贵的意见，在此表示感谢。

2014年，在以"形势、目标、能力、策略"为主题的"全国高校大学英语教学发展学术研讨会"上，笔者以"输出驱动-输入促成假设与大学英语教学改革"为题，报告了基于试验结果对输出驱动假设进行的修订与完善。本文根据发言内容撰写而成，尝试构建符合中国国情的大学外语课堂教学理论。全文分为三部分。第一部分阐述修订后的新假设的主要内容及其与传统教学的区别；第二部分回应对新假设的质疑；第三部分依据泰勒的课程教学框架对新假设的实施提出相应要求。

2. 输出驱动-输入促成假设的主要内容及其与传统教学的区别

2.1 输出驱动-输入促成假设的主要内容

输出驱动假设（下文简称旧假设）主要针对中高级英语学习者。其主要内容包括：（1）输出比输入对语言学习的驱动力更大；（2）把输出能力作为学习目标更符合学生就业需要，允许学生根据自身需求侧重培养自己的部分表达能力，即说、写、译中的一种或两种能力（文秋芳，2013）。旧假设强调了输出的重要性，但笔者在和五位教师设计基于旧假设的教学方案时，发现旧假设未清晰界定输入的作用，导致教师不易处理输出与输入的关系，有的还误认为，输出驱动仅仅是对输出给予了更多关注而已。由此，笔者意识到，必须对旧假设进行修订，清楚界定输入与输出的关系。

经过与陈国华教授的讨论，笔者将旧假设修改为输出驱动-输入促成假设（Output-Driven, Input-Enabled Hypothesis）（下文简称新假设）。在新假设中，输出既是语言习得的动力，又是语言习得的目标；输入是完成当下产出任务的促成手段，其作用不是单纯为培养理解能力和增加接受性知识服务、为未来的语言输出打基础。换句话说，学生清楚地知道，要成功完成教师布置的产出任务，就需要认真学习输入材料，从中获得必要的帮助（文秋芳，2013）。从这个角度出发，教师和学生可以根据产出任务的需求对输入进行有选择的处理。凡是与产出任务关系不大或者不重要的输入部分都可以搁置起来。这样教师和学生就可以在有限的课堂教学时间内，集中精力学习和理解产出任务所需要的语言形式和相关的百科知识（文秋芳，2014）。

简言之，新旧假设在适用对象、输出对语言学习的作用、表达能力的地位三个方面拥有相同的内容（见表16）（文秋芳，2013，2014），只在输入作用上存在差异。旧假设没有说明输入的作用，而新假设明确指出，产出任务所需要的语言形式和百科知识来源于教师提供的或学生自己寻找到的输入材料。

表 16. 新旧假设在内容上的异同

假设名称	适用对象	输出对语言学习的作用	表达能力的地位	输入作用
输出驱动假设	中高级学习者	输出比输入对语言学习的内驱力更大	把表达能力作为教学目标更符合学生的就业需要，允许学生自主选择部分表达能力作为培养目标	
输出驱动－输入促成假设	同上	同上	同上	输入促成当下产出任务的完成，输入直接为产出任务提供语言材料和相关知识

2.2 新假设与传统教学的区别

新假设主要挑战传统的"课文中心""课文至上"的教学理念，强调要从教课文转变为教学生用英语做事。这就是说，实施新假设的课堂教学不再把全部注意力放在课文上。衡量教学成效的标志是学生能否用所学课文完成产出任务（新假设的实施见下文第四部分）。

长期以来，我国高校外语教学将教课文作为课堂教学的主要任务。教师备课一般会围绕教材中的课文展开，弄懂文中的词、句、章。如果课文的作者有点儿名气，还会搜集相关背景信息。上课的基本环节是课文导入、课文结构分析、词汇讲解、难句解释、写作方法赏析等。讲解课文时，即便配有少量的口头实践活动，也主要是基于词、句层面，学生很少有连贯表达的机会。课文串讲结束后，教师通常要求学生集中完成课后练习。尽管有时教师也会设计一些口头或笔头练习，但这些练习往往都是对课文内容的拓展，而不是对课文中新学习的语言知识的强化使用。这样的教学流程体现的是输入为主、输出为辅，或者是现在的输入为将来输出服务的教学理念和实践。这种"课文中心"的教学实践可谓深入人心。笔者观察的课堂教学绝大部分都体现了这样的理念，即便是学生入学英语水平较高的学校，也很难跳出"课文中心"的教学思路。

这样的模式和我国传统的语文教学很接近。过去的语文教学强调所学文章的示范性。人们常把课文称为范文。所选文章必须是文质兼美、脍炙人口、素有定评的名家名篇，值得反复咀嚼，熟读精思。教师希望通过阅读、分析这些少量的范文，学生能够举一反三，不仅学会阅读欣赏，而且能够潜移默化地受到范文的熏陶，最终能够体现在他们自己的习作中。事实上，我国的语文教学传统也在不断发展，不断改进。《语文课程标准》提出，教师要加强对学生阅读的指导、引领和点拨，但不应以教师的分析来代替学生的阅读实践，不应以模式化的解读来代替学生的体验和思考。要防止逐字逐句的过深分析和远离课本的过度发挥（教育部，2011：22）。与1963年颁布的《全日制中学语文教学大纲（草案）》相比，教学内容中增加了口语交际和综合性学习。口语交际能力是现代公民的必备能力，应培养学生倾听、表达和应对的能力，使学生具有文明和谐地进行人际交往的素养。综合性学习主要体现为语文知识的综合运用、听说读写能力的整体发展、语文课程与其他课程的沟通、书本学习与生活实践的紧密结合（教育部，2011：24）。

既然我国语文教学的传统有了变化，我国大学英语教学也应该与时俱进。事实上，这样以课文为中心的教学也与2007年颁布的《大学英语课程教学要求》（下文简称《教学要求》）提出的教学目标背道而驰。《教学要求》明确提出，大学英语的教学目标是培养学生的英语综合应用能力（教育部高等教育司，2007：1）。在有限的课堂教学实践内只学课文，不仅不能调动学生的学习积极性，而且无法保证课文中所学知识将来能够应用到语言实践中去。许国璋（1959）早就提出，教了，不一定学了；学了，不一定会了；会了，不一定能够脱口而出。

2.3 新假设的理据

笔者认为，新假设的理据可以从学生需求、社会需求、学科发展需求和英语课程教学学时压缩四个方面来考量。第一，新假设符合学生的学业和心理需求。进入大学的新生虽然学完了基本的英语语法知识和最常用的3 000词汇，但距离用英语从事国际交流还有相当的差距。这就意味着他们进入大学后，还需要继续扩充语言知识，提高语言运用能力。然而目前的状况是，中学英语教学虽然有理念先进的《英语课程标准》（下文简称《新课标》）为指导，但实际的课堂教学效果与《新课标》期待的教学效果还相差甚远。在高考的重压下，学生的语言实践被大量模拟考题所代替。这往往导致大学新生接受性英语知识有余，产出性知识严重不足，患有"消化不良"症，对美味佳肴缺乏"胃口"。如果大学英语教学依然沿袭中学的英语学习模式，没有任何新变化，必然会造成学生厌学。新假设将根据学生的学习心理，强调"用英语做事"。一方面，帮助学生盘活已有的被动性知识；另一方面，让学生发现已有知识不足以完成现有的交际任务，以此促进他们主动学习新知识。

第二，新假设符合社会需求。在职场中，体现英语交际成效的终极手段是说、写、译，而不是听和读。这就好比说、写、译在前台表演，听和读在后台支持。如果教学重心只放在后台技能的训练上，可以想见，学生即便获得输入技能也很难在职场上发挥作用。与此相反，在说、写、译三种技能中，学生不论掌握其中的一种还是多种技能，在未来工作中都有施展才能的机会。新假设侧重培养输出技能，并强调学生每次在完成产出任务时，须从多种输入材料中选择合适的语言形式和相关知识，使输入与输出真正实现无缝对接。

第三，新假设符合二语习得理论的新发展（文秋芳，2008）。20世纪80年代初期，从输入假设（Krashen，1985）发展到输出假设（Swain，1995），人们逐步认识了输出在二语习得过程中的四大功能：（1）提高语言的流利度和自动化程度；（2）检验语言假设；（3）增强对语言的意识程度；（4）培养对元语言的反思能力。Izumi（2002，2003）还特别指出，输出者在提高语言流利度的同时，还能通过内部的监控系统发现自己语言体系中的缺失。学习者对缺失的意识就是学习新语言知识的内驱力。正是基于这一点，新假设以输出为驱动力，同时又以输出为目标。此外，第二语言习得研究在20世纪90年代形成了二语习得的社会文化视角。社会文化派认为二语学习不应该将学习（learning）与运用（use）割裂开来，学用应融为一体（Firth & Wagner，2007）。基于这一观点，新假设指出输入促成输出的完成，学生学习输入是为产出任务寻找语言表达的手段和内容。输出与输入如此结合正是为了融通学与用两个环节。

第四，新假设也符合我国大学英语课堂教学课时少的实际状况。目前，越来越多的高校压缩了大学英语的教学时数，有的减少了三分之一，有的减少了一半，两年的课程被压缩到一年（王守仁，王海啸，2011）。在这极有限的教学时间内，如果仍旧承袭"课文中心"的老方法，学生不易感受到自己的进步，也很难感受到成功的喜悦。如果采用新假设，学生在一年内至少可能完成若干可见、可测、可量的产出任务。教师可以为他们完成的这些任务建立一个档案袋，等课程完成时，让他们自己分析、评价自己的进步。

3. 对新假设的质疑与回应

在笔者和其他教师或者研究者讨论新假设时，他们提出了不少质疑和困惑。这种争辩式的讨论对笔者深入思考和完善理论非常有帮助。笔者碰到最多的质疑有三个。

第一，没有充分的输入，怎么可能产生高质量的输出呢？众所周知，语言的习得必须基于大量的听和读，只有足量的输入才能使学生逐步建立语感。笔者认为，新假设并不反对充足的输入。笔者个人的学习和研究经历都充分证明了课外大量阅读外文小说、杂志、报纸，观看外文电影，收听外语广播是提高语言学习质量的重要途径。凡是成功的外语学习者都是以接触大量输入为前提的。需要强调的是，新假设聚焦的是在课堂教学中如何处理输入与输出的关系。课堂教学时间非常有限，究竟怎样安排教学活动才能提高课堂教学效率呢？是进行纯粹的课文教学，还是输入应该为输出服务？很显然，大学生不是外语初学者，他们迫切希望在语言产出活动目标的驱动下，更好、更快、更多地吸收和运用新语言知识，为自己的学业和就业服务。从这一实际情况出发，笔者主张，在课堂上处理输入时，务必要集中学习和消化对输出活动有贡献的输入材料，全面实践一切为输出服务的理念。

第二，课文不学深学透，输入怎么会起作用呢？俗话说："熟读唐诗三百首，不会作诗也会吟。""书读百遍，其义自见。"笔者认为，这种传统的熟读精思、细嚼慢咽的方法不适应当下的大学英语课堂教学。原因有三。其一，目前不少大学在压缩英语课堂教学的时间，从16学分减到12学分，有的甚至减到8学分。在不到130学时的课堂教学中，如果还坚持传统的"精读"方式，可以预见，精读的文章数量很有限，也不能保证学生的理解和赏析能力得到明显提高。其二，这种"精读"方式不符合现代社会学习的特点。随着社会的快速变化和知识获取速度激增，面对源源不断的新知识，人们仅仅采用"细细咀嚼"的学习方式肯定跟不上时代的步伐。其三，这种"细读"方式不符合职场中完成交际任务的实际情况。以笔者自己的体验为例。笔者每次接到一个会议发言的任务或者产生撰写一篇论文的冲动时，会先从网站上下载一批相关文章，少说也要有二三十篇。笔者会有选择地阅读所下载的文献，标注出对写文章有用的材料，同时起草论文的初稿。阅读虽然会稍早于写作活动，但读和写不能完全分开进行。实际情况是，边写边读，边读边写，读和写难以割裂。坦率地说，笔者每次完成产出任务的过程，就是学习新知识的过程，也是运用新知识的过程。除了读下载的书面材料外，笔者还会听取同事的意见，特别是反面意见，这就是口头的互动。结合书面输入和口头互动，笔者最终完成大会发言或论文的撰写。这就是非常典型的输出驱动–输入促成的学习过程。笔者认为，大学生未来在工作中完成任务的流程与笔者目前完成产出任务的流程应该非常相似。既然如此，我们就应该在教学中为学生提供运用输入为输出服务的机会，让学生有真实的语言实践体验，同时教会学生从多种输入中选择有用的材料，成功完成产出任务。

第三，新假设与任务型教学法没有什么区别？笔者认为，新假设与任务教学法有着相同的教学理念，即学用结合，英语教学不单纯是为了学习语言知识和语言技能，而是要学会用英语做事。但二者从教学内容到教学流程都存在差别。

首先，二者对任务的选择依据不同。任务型教学法以任务为教学的基本单位。教学大纲根据难度（语言难度、认知难度和熟悉度）将不同任务排成序列（Skehan，1998）。而新假设不是根据任务难度决定教学内容。就大学生而言，考虑教学内容的依据不是任务，因为在有限的课时内，不可能穷尽真实的交际任务。笔者建议按照主题来设计产出活动。以通用英语课程主题的选择为例：一方面应考虑大学生形成正确的人生观、价值观的需要，如思辨能力的发展、生命的意义、公民的社会责任等；另一方面，应考虑大学生理解世界文明的需要，如中西哲学思想、中西教育思想、中西家庭与婚姻观念等。其目的不在于主题本身，而在于让学生学习用英语做事，更为重要的是提高学生独立获得必要的输入从而完成输出的能力。

其次，二者设计任务的目的不同。任务型教学法设计的任务有两种：（1）具有实用价值的交际任务；（2）具有教学价值的交际任务（Nunan，1989）。第一类任务会在日常生活中发生，如制订度假计划、写入学申请书、写求职信、写个人简历等；第二类任务虽然没有实用价值，但可以为学生提供真实的交流机会，如信息差（information gap）。而新假设设计的产出活动不一定都具有直接实用价值，但必须具有潜在的交流价值，如介绍中国菜肴的烹饪，讨论中西文化差异等。这样的交际任务有助于达成我国大学英语教学的一个重要目标：培养中国学生进行跨文化交流的能力。

最后，二者的教学流程不同。任务型教学法"以学生为中心"，教师是咨询师、促学者、督促者。换句话说，教师在课堂上要尽量"隐身"和"藏在后台"，学生是课堂的表演者。笔者认为，这样的课堂经常是"热热闹闹"的，但学习效果不尽如人意。新假设认为，在课堂教学中，教师必须起主导作用，除了设计产出任务，提供恰当的输入材料外，课堂上还要引导学生循序渐进地选择和使用输入材料、成功地完成产出任务。学生是学习的主体，教师教是为了学生学。课堂上的一切活动都要以"学习发生"为最终目标。只有当训练有素的教师的作用得到恰当发挥时，课堂教学效率才能提高。

4. 实施新假设的要求

笔者根据泰勒提出的课程理论框架，阐述实施新假设的要求。泰勒（Tyler，1949）主张，课堂教学要考虑教学目标、教学内容、教学组织（过程和方法）和评估体系。这四个要素相互联系，缺一不可。教学目标是灵魂，是关键，决定着课堂教学的方向。教学内容是实现目标的载体，它需要和目标相吻合，使目标的实现有抓手。教学组织是实现目标的手段，它要为目标的达成提供保证，排除障碍。评估体系是检测目标实现效果的工具，它要能促进学习的发生，并能及时发现目标达成过程中存在的问题。

4.1 对教学目标的要求

教学目标具有非常明显的层级性（见表17）。作为一名大学英语教师，课堂教学目标一定要受上层目标的制约。这就是说，大学英语课堂教学目标要符合上层目标的总体方向。有些教师不了解各层次教学目标，他们误以为完成教科书上的课文和练习就达到了教学目标。笔者观察过这样的课堂，教师赶着完成书上的各项任务，总是抱怨时间来不及，学生是否学到东西却不在教师的注意范围内。由于本文空间所限，这里不讨论课堂教学目标与其他三个层次目标的衔接。但笔者想强调的是，本文虽然只讨论了最低层的课堂教学目标，但这不意味着其他上位目标不重要。

表17. 大学英语教学目标的层级性

目标层级	目标内容	说明
1（最高层次）	人才总体培养目标	包括《高等教育法》、学校人才培养方案、院系人才培养方案等
2	大学英语课程体系目标	大学英语课程教学的相关要求
3	各课程目标	如通用英语课程目标、学术英语课程目标等
4	课堂教学目标	根据教学重点和难点设立的单元教学目标和每节课的教学目标

课堂教学目标的要求是：现实、清晰、可量化。现实，就是学生通过努力

能够达成目标；清晰，就是学生对要实现的目标与教师有共识；可量化，就是目标要具体，教师和学生都可以参与测量。换句话说，师生都能评价目标是否达成。新假设要以输出为驱动，并以输出为目标。如前文所述，新假设要教学生用英语做事。因此教学目标一定是要求学生运用说、写、译三项技能完成具有交际潜质的活动，其基本表达形式应该是"The students should be able to..."设想某教师所教授的单元主题是food，他/她列出了总体和分解后的具体教学目标。这样单元学习结束后，每个学生都可以对照具体目标检查自己的学习结果。教师也能够很快发现自己的教学是否成功。

4.2 对教学内容的要求

新假设对教学内容的要求有三个：（1）输入要能够很好地为输出服务；（2）教学内容要涉及信息接收和产出的多渠道；（3）设计的产出任务一定要具有潜在的交际价值。第一个要求意味着，教师选择的输入能够为输出提供恰当的语言材料和知识内容。然而现实中，很难找到一种输入材料与某项产出任务百分之百匹配。更多情况下，教师需要为一项产出任务提供多种输入材料，每一种输入材料只有部分能够用于产出任务。换句话说，要从多种输入材料中选择合适的部分为产出服务。由于输入材料有多种，教师必须弄清楚每种输入与输出的关系，选择每种输入的重点作为教学对象。第二个要求，为了调动学生的学习积极性，提高学生吸收输入的效率，教师提供的输入最好能够让学生用耳朵听声音，用眼睛看图像和文字。两学时的课堂教学可以让学生交替使用不同的信息接收渠道。同样，产出任务有说、写、译。如果事先精心设计，将输入与产出任务有机结合，就可以形成多种组合（见图6）。

对教学内容的第三个要求是，让学生完成的产出任务要具有潜在交际价值。怎样才能判断某项产出任务是否具有潜在交际价值？简单的判断方法是：如果能够列举出产出任务发生的交际场景，这项任务就具有交际价值。比如前面提到的，用英语向外国朋友介绍中国菜肴。我们至少可以想象出下面四个场景：

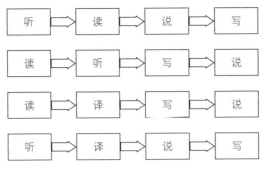

图6. 输入与产出任务的有机结合

（1）设想你到国外某大学做交流生。春节期间，你邀请几个外国朋友来住处吃饺子，共同庆祝中国春节。外国朋友询问你做饺子的方法。

（2）设想你邀请外教去餐馆吃饭，外教问你宫保鸡丁的做法。

（3）设想你被邀请到外国留学生班上介绍几道中国菜肴的做法。

（4）设想你是某公司国际商贸谈判代表。你邀请外国代表吃饭。饭桌上，外国代表询问某道中国菜肴的做法。

4.3 对教学组织的要求

新假设对教学组织的要求有四个：（1）教学过程循序渐进；（2）课堂时间安排合理；（3）对课堂内的学生活动要有检查成效的环节；（4）课外作业要求恰当。

要想达到第一个要求，教师要认真研究输出目标中的重点和难点，仔细分析输入材料中能够为输出服务的语言形式和知识内容，并在此基础上设计教学步骤，带领学生一步一步接近并达成目标。在笔者观察过的一些课堂上，教学缺少明显的过程。能够看到的只有教师讲解（telling）和对学生的考核（testing）。这样的教学完全体现不了教师在学生学习的过程中所起的主导作用。

这里仍旧以教学生用英语描述包饺子的过程为例。设想教师找到一段用英文描述包饺子过程的录像，录像时长为4.5分钟。有的教师可能让学生观看录像，看完后把文字材料发给学生去学习，然后要求学生完成产出任务。笔者认为，如此教学就缺少循序渐进的教学步骤。建议把包饺子过程分解成如下步骤：

（1）preparing ingredients；

（2）making fillings；

（3）making covers；

（4）making dumplings；

（5）cooking dumplings.

　　教师根据上述步骤把录像切成小段，在课堂上让学生分段观看。每看一段时，要求学生边听边完成填空练习或记录下几个关键词语，然后阅读这一段录像的文字材料，再要求学生以对子为单位进行口头练习。如此分段学习、分段练习，产出任务的难度就大大降低。有了课堂上分步练习的基础，课外再要求学生完成整个产出任务，就水到渠成了。

　　怎样才能达到第二个要求，合理安排课堂时间呢？教师要有珍惜课堂教学时间的观念，力图使每分每秒都发挥其效用。事实上，课堂是教师与学生面对面交流的主要场所，也是教师发挥作用的主战场。如何使有限的课堂时间发挥最大功效？除了有正确的时间观念以外，还需要掌握控制时间的一些原则。时间分配应该以实现课堂教学目标为依据。例如，新课的"导入"如占用15至20分钟就"喧宾夺主"了，"导入"毕竟只起"预热"作用，3至5分钟即可，应该尽快让学生进入"正规学习"。单项任务完成的时间一般不要超过10分钟，小组活动或者对子活动一般不要超过5分钟。以包饺子的第一步（preparing ingredients）为例，步骤和时间分配如下：观看一段录像（1分钟），教师检查学生听力理解情况（2分钟），学生阅读录像文字（1分钟），教师就录像文字中的个别短语提问（1分钟），对子活动（2分钟），教师检查对子活动效果（3分钟）。

　　第三项要求是，凡是要求学生完成的任务，教师必须检查。只有这样，教师布置的活动学生才会认真去做。笔者发现，相当一部分老师只布置任务，但未设置促使学生认真完成任务的相关机制，其结果是，学生在课堂上完成了一个又一个任务，但任务成效如何不得而知。在笔者的示例中，学习用英语描述preparing ingredients这一步，整个流程大致需要花费10分钟。在这10分钟内，教师对学生的学习检查了三次。第一次是在看完录像片段后，第二次是在阅读完录像文字材料后，第三次是在对子活动后。这样做的好处是：一方面，教师了解了学生完成任务的情况；另一方面，教师的干预把学生的活动时间分割成小段，有利于提高学生的注意力。

笔者发现，在大学英语课堂教学中，有一部分教师不会安排时间，特别是让学生开展小组活动时，"放羊"的时间多，教学效果不理想。主要有三类问题：一是小组的组合方式混乱，教师没有明确的指令，有的教师花了3分钟，还没有分好组；二是小组活动的任务不明确，三五个人坐在一起，只有一两个"话霸"发言，其他人有的在听，有的在做自己的事；三是几乎不检查小组活动成果，有的虽然检查了，但未认真考虑怎样做到既有覆盖面，又不让听众重复听相似的内容。要使小组活动有成效，教师必须将自己置于真实情景中，找出看似简单的问题的解决方法。

第四项要求是，教师要给学生布置适当的课外作业[12]。"适当"包含两层含义：（1）作业量适当；（2）作业难度适当。如前所述，大学英语课堂教学时间极为有限，大学生要想学好英语，课外肯定要花费时间。问题是，他们所学课程多，课外要完成的作业不止一种。如果英语作业过量，学生就不能按质按量完成。笔者建议课堂教学时间与课外作业时间相当，如果课堂教学时长是1小时，那么课外作业也是1小时。作业难度要有所区别，对不同水平的学生提出不同的要求。仍旧以用英语描述包饺子过程的口头报告任务为例。对英语水平低的学生，只是要求他们将在课堂上分步练习过的小任务，在课外连起来练习全过程；而对高水平的学生，则要求他们寻找新材料，对课堂上练习过的材料进行补充，或者选择其他菜肴进行描述。需要强调的是，教师最好能够提供合适的网址，并对新材料的使用提出明确要求，以提高学生寻找和使用材料的效率。

4.4 对评估体系的要求

对课堂教学评估体系的要求有三条：（1）评价标准要具体；（2）评价方法

---

12 由于篇幅所限，本文侧重课堂内的教学组织。课外学习英语是学生提高自己综合应用英语能力的关键因素。如何指导学生的课外学习是大学英语教师的重要任务。笔者将另外撰文讨论这一问题。

要多样;(3)产出任务如果是口头报告,评价一定要包括听众。准确理解标准是执行标准的前提。因此我们需要就书面/口头的评价标准进行集体学习。最好能选用上一届学生的案例来解释标准的含义,再采用讨论的方式,让学生对这些典型案例进行评价。对标准的理解不能停留在文字解释上,要让学生在运用标准进行评价的活动中学习、理解、内化标准。对标准的理解需要时间和实践,不是一两节课就能解决的。如有可能,教师要给学生多次实践、运用标准的机会,只有这样,他们才能按照这些评价标准来完成产出任务。

课堂教学的评价形式有书面作业和口头报告。何时评价?采用何种形式?教师要分析这两种评价形式的功能和利弊。书面形式和口头报告锻炼学生表达能力的不同方面,因此可以交替使用。但如果学生对自己的前途有明确目标,希望重点培养口头或笔头能力,那么教师就可以允许学生对两种形式的比例进行选择。就评估时间而言,有单元评估,也有随堂评估。单元评估需要制订学期计划。如果一个学期讲授八个单元,每个学生需要完成八项产出任务,那么,教师就要在开学时做好设计,并告知每个学生。学生可以事先选择,以书面或口头形式完成任务。随堂评估更具灵活性,不需要在开学初布置,可以让学生完成每项大任务分解后的系列小任务。

评价方法要多种多样,特别是口头报告的汇报形式一定要有变化,否则会影响课堂教学效果。仍旧以前面提到的包饺子为例。为了检查学生课后练习的效果,上课时,教师可采用接龙的方式,要求一个学生只描述包饺子整个过程中的某一步;也可采用小组汇报的方式,每个组员临场抽签决定承担的步骤。由于学生事先不知道自己会抽中哪一部分,课外练习就必须覆盖包饺子的全过程。如果安排小组口头报告,每次上课不能超过两个小组,每组汇报时间不能超过5分钟。这样,总的汇报和评价时间不超过20分钟,学生的注意力就有可能得到保持。未汇报的同学可以采用其他方法提交作业,例如以小组为单位提交视频和脚本,将其放到公共平台上让大家互相观看,教师给予反馈。

笔者曾经观察过一些课堂口头报告,发现听众表现很糟糕。很多未汇报的同学在聚精会神地准备自己的发言,汇报过的同学在休息或玩手机。口头报告成了一个形式。报告人可能会得到一定的锻炼,但听众几乎一无所得。因此教师对听众表现的评价一定要提出明确要求，如记录听到的关键词语或重要信息。教师对听众表现的评价有两种：一种是事先发给学生白纸条，口头报告结束后，请学生将记录的内容交上来；另一种是口头检查，要求学生报告记录的内容。

5. 结语

输出驱动－输入促成假设的提出，是对五位教师实施教学试验的完善和发展。她们的试验结果表明，新假设具有可行性，但要取得预期的效果，还需要在四个方面给予特别的关注：（1）试验前需要向学生说明采用新假设的缘由，学生充分认同新假设的理念，才能积极参与教学试验；（2）产出任务除了要有总体设计外，还需要将总任务分解成一系列小任务，以便学生循序渐进，分步完成；（3）选择输入材料前，一定要分析产出任务的需求；（4）要有效控制各个环节的时间和效果。很显然，该理论的教学试验刚起步，笔者期待有更多的教师参与，以帮助该假设在理论和实践两个层面上进一步完善。

中国虽然是外语学习者人数最多、外语教师人数最多的国家，但在国际外语教学界，我国的外语研究者几乎没有话语权。笔者从事外语教学30多年，一直有构建适合我国外语教学理论的梦想。提出输出驱动－输入促成假设是个初步尝试，肯定有其不完善之处。笔者期待更多的外语界同行关心并参与这一理论的建设与发展。

参考文献

- 教育部. 全日制中学语文教学大纲（草案）[M]. 北京：人民教育出版社，1963.

- 教育部. 语文课程标准 [M]. 北京：人民教育出版社，2011.

- 教育部高等教育司. 大学英语课程教学要求 [M]. 北京：外语教学与研究出版社，2007.

- 王守仁，王海啸. 我国高校大学英语教学现状调查及大学英语教学改革与发展方向 [J]. 中国外语，2011(5): 4-11, 17.

- 文秋芳. 输出驱动假设与英语专业技能课程改革 [J]. 外语界，2008 (2): 2-9.

- 文秋芳. 输出驱动假设在大学英语教学中的应用：思考与建议 [J]. 外语界，2013 (6): 14-22.

- 文秋芳. 大学英语教学中通用英语与专用英语之争：问题与对策 [J]. 外语与外语教学，2014 (1): 1-8.

- 许国璋. 基础阶段英语教学的特点 [J]. 外语教学与研究，1959 (6): 319-329.

- FIRTH A, WAGNER J. Second/foreign language learning as a social accomplishment: Elaborations on a reconceptualized SLA [J]. The modern language journal, 2007, 91 (1): 800-819.

- IZUMI S. Output, input enhancement, and noticing hypothesis [J]. Studies in second language acquisition, 2002, 24 (4): 541-577.

- IZUMI S. Comprehension and production processes in second language learning: In search of the psycholinguistic rational of the output hypothesis [J]. Applied linguistics, 2003, 24 (2): 168-196.

- KRASHEN S. The input hypothesis: Issues and implications [M]. London: Longman, 1985.

- NUNAN D. Designing tasks for the communicative classroom [M]. New York: Cambridge University Press, 1989.

- SKEHAN P. A cognitive approach to language learning [M]. Oxford: Oxford University Press, 1998.

- SWAIN M. Three functions of output in second language learning [M]//COOK G, SEIDLHOFER B. Principles and practice in applied linguistics: Studies in honor of H. G. Widdowson. Oxford: Oxford University Press, 1995: 125-144.

- TYLER R W. Basic principles of curriculum and instruction [M]. Chicago: University of Chicago Press, 1949.

七　构建产出导向法理论体系[13]

1. 引言

产出导向法（production-oriented approach，简称POA）的原型为输出驱动假设（文秋芳，2007），针对的是英语专业技能课程改革（文秋芳，2008），2013年拓展到大学英语教学（文秋芳，2013），2014年修订为输出驱动–输入促成假设（文秋芳，2014b），同年10月在"第七届中国英语教学国际研讨会"上，被正式命名为POA（Wen，2014）。这里有两点需要说明。第一，该方法主要针对的是中高级外语学习者。如果用《欧洲语言共同参考框架》来衡量，教学对象至少要达到A2或以上水平。第二，产出与输出的含义不同。产出除了包括输出所指的说和写以外，还包括口译和笔译；产出对应的英语是production，既强调产出过程，又强调产出结果。

多年来，笔者和外语界的同仁一直在研讨如何构建具有中国特色的外语教学理论。POA的产生可视为建设这种理论的探索和尝试，其发展与完善前后经历了约八年时光。其间，笔者曾就这一主题多次在国内外学术研讨会上做主旨发言，不断收到热情听众的反馈，也曾就这一议题组织过小型专家咨询会，得到与会者许多富有建设性的建议。在外语教学与研究出版社的帮

13　原载《外语教学与研究》2015年第4期，547—558页。

助下，笔者邀请八所高校的大学外语教师参加了POA的教学试验[14]（文秋芳，2014b）。其中，中国政法大学的张文娟老师在前期试验的基础上，就"法庭中的文化冲突"这一单元，进行了三轮尝试性实践，不断优化POA的课堂教学实施方案。北京外国语大学教授Alister Cumming认真听取了我对这一教学理念和流程的阐述，在多个选项中帮助确定了POA这一名称。简言之，POA的产生凝聚了集体的智慧和力量，体现了团队构建知识的创新过程。

本文重点阐述POA理论体系。有关POA的产生背景及课堂实施案例，前期公开发表的论文已做过比较详细的介绍，此处不再赘述。图7展示了POA理论体系的三个部分及其关系。其中，"教学理念"是其他两部分的指导思想；"教学假设"是"教学流程"的理论支撑；"教学流程"是"教学理念"和"教学假设"的实现方式。同时，教师的中介作用体现在"教学流程"的各个环节之中（见图7）。

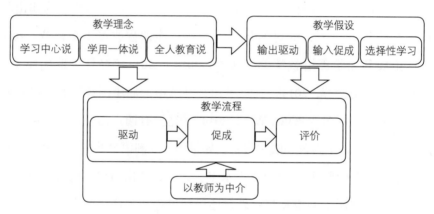

图7. POA的理论体系

14 北京航空航天大学曹巧珍、南京大学王文宇、天津医科大学夏效刚、中国政法大学张文娟、首都医科大学郭晶、北京语言大学高秀平、北京化工大学邱琳和北京师范大学林敦来参加了POA的教学试验，为POA理论构建提供了课堂实践的经验与教训，在此表示衷心感谢。

2. 教学理念

2.1 "学习中心说"

POA提倡的"学习中心说"主张课堂教学的一切活动都要服务于有效学习的发生，挑战的是目前国内外流行的"以学生为中心"的理念。

"以学生为中心"的理念在20世纪末、21世纪初被引入我国外语教学界（黄月圆，顾曰国，1996）。当时这一理念的引入对打破长期统治我国外语教学的"教师中心说"，对纠正忽视学生需求、只顾教材进度的"满堂灌"起到了非常积极的推动作用。但"以学生为中心"理念的表述很容易引起误导。一方面，易于将教师在课堂上的作用边缘化；另一方面，又不适当地扩大了学生的作用。尽管教师被赋予促学者（facilitator）、帮助者（helper）、咨询者（consultant）等多种新头衔，但他们最重要的职责并未得到合理彰显。学生却被认为是教学目标、内容和教学进度的决定者、课堂话语的主导者，似乎教师只要为学生提供对子和小组互动的机会，学生通过互动，就能构建和掌握新知识（Collins & O'Brien，2003）。至于每节课的教学目标、学生在课堂上的学习效率等，反而不是教学关注的重点。目前，这一理念在西方也遭到部分学者的批评（Kirschner et al.，2006）。

"以学生为中心"的理念未厘清学校教育与社会学习的本质区别。学校教育是一种有计划、有组织、有领导且讲究效率的教育形式。无论是教学内容还是评估方式，都不可能完全由个别学生的兴趣或需求来决定。

与"以学生为中心"的理念相区别，20世纪80年代，王策三教授（1983）提出了"教师主导、学生主体"的原则（即"双主"原则）。王教授认为，教师接受过专门教育训练，他们能把控教学的方向、内容和方法。与此同时，学生的主体作用也不能否定，因为"学"必须是学生独立自主的行为，教师无法包办、替代。

"学习中心说"主张，教学必须实现教学目标，并促成有效学习的发生。POA认为该原则比"双主"原则更简洁明了，更准确地反映了学校教育的本质。课堂上的活动可以有多种形式（教师讲授、小组讨论、对子活动、个体展示、小组展示等），不同的形式服务于不同的教学目标，教师要选择实现教学目标的最佳形式。教师教学主要在课堂上进行（鲍建生等，2005），而课堂教学时间极其有限，特别是在当前大学外语教学的课时被压缩的前提下，教师更要惜时如金，将时间都用到学生的有效学习上。从这个角度出发，POA在设计每一个教学环节或任务时，首先要关注的是学生能学到什么，而不是谁在课堂上说话（Mercer & Dawes，2014），也不是谁在发挥主导作用。

2.2 "学用一体说"

在POA倡导的"学用一体说"中，"学"指的是输入性学习，包括听和读；"用"指的是"产出"，包括说、写、口译和笔译。该假设针对的是"教材中心""课文至上"及教学实践中出现的"学用分离"弊端，主张边学边用，在学中用，在用中学，学用结合。换句话说，POA提倡输入性学习和产出性运用紧密结合，两者之间有机联动，无明显时间间隔。

POA不反对使用教材。事实上无论何种科目的学校教育都要以教材为依托（钟启泉等，2008）。然而，如何用好教材取得良好的教学效果才是问题的核心。目前，在我国外语教学中，教学一般从教材中的课文整体入手，引导学生了解文章结构及其传递的主要信息。新课文的教学环节有导入、快速阅读、分析文章结构、梳理主题思想、分析语言难点、赏析写作技巧等。课堂上师生互动或生生互动频繁，但这种互动很少为学生提供连贯表达语言的机会。课文串讲结束后，逐一完成课文后面的多种练习。这种教学方式的突出弱点是，教师误将教课文看作课堂教学的目标，而未将其作为培养学生综合运用英语能力的工具。如此做法，输入与输出之间就有较长的时间差。在目前课堂教学时间有限的情况下，不少教师反映，教材内容刚刚处理完（有的还来不及教完），就要进入新单元的学习，根本无法腾出时间培养学生的产出能力。其结果是，学生虽然积累了不少接受性知识，或者称之为惰性知识（inert knowledge）（Larsen-Freeman，2005），但这些知识不能自动转化为产出能力，进而用在日常交际中（文秋芳，2014a）。

POA提倡的"学用一体说"主张，在课堂教学中，一切语言教学活动都与运用紧密相连，应做到"学"与"用"之间无边界、"学"与"用"融为一体。学生不再单纯学习课文，而是以课文为手段来学习用英语完成产出任务。目前，大学英语教学质量受到全社会的关注，不少人抱怨，学了十多年英语，还是开不了口。如果采用"学用一体说"，无论英语水平高还是低，学生都应该能用英语做事，只是做事的复杂程度不同。从这个意义上说，"哑巴"英语就不会出现。

2.3 "全人教育说"

POA认为语言教育面对的是人。人是有情感、有思想的高级动物。我们不能将教育对象视为流水线上的产品或任人摆弄的机器。教育要为人的全面发展服务，要顾及人的智力、情感与道德等各个方面。具体而言，外语课程不仅要实现提高学生英语综合运用能力的工具性目标，而且要达成高等教育的人文性目标，如提高学生的思辨能力、自主学习能力和综合文化素养等（教育部高等教育司，2007）。长期以来，外语课程是否要坚持"全人教育说"一直是个有争议的问题。有学者认为，外语课程的工具性目标应该占主导地位。蔡基刚（2012：174）认为，大学英语不是一门素质教育课程，提高学生的人文素质修养不应成为大学英语教学的主要目的。当然，更多学者赞成工具性与人文性目标并重的看法，主张全人教育（杨忠，2007；王守仁，2011，2013；王守仁，王海啸，2011）。

需要强调的是，POA虽然坚持"全人教育说"，但这并不意味着人文性目标的实现需要占用额外的课堂教学时间（文秋芳，2014a）。事实上，只要教师认同"全人教育说"，他们即使不占用课堂时间，也能通过下列三种手段实现人文性目标：

第一，认真选择产出任务的话题。POA认为，有利于人文性目标实现的话题可分为两大类：（1）有利于学生树立正确的世界观、人生观和价值观；（2）有利于培养学生沟通、互鉴中外文明和传播中国文化的能力。换句话说，一类话题围绕的是如何促进学生个人健康成长；另一类话题围绕的是如何使学生担负起推动中外文化交流的社会责任。

第二，精心选择为产出任务服务的输入材料。一方面，教师挑选思想境界高、弘扬正能量的语言材料，帮助学生陶冶情操、建立正确的思想价值体系；另一方面，挑选反映国内外社会和政治热点话题的语言材料，培养学生的家国情怀、拓宽学生的国际视野。

第三，巧妙设计教学活动的组织形式。教师可以通过对子或小组活动培养学生的互助合作精神，也可以通过学生互评产出成果来提高学生客观评价他人优缺点的能力。

3. 教学假设

3.1 输出驱动假设

输出驱动主张产出既是语言学习的驱动力，又是语言学习的目标。产出性学习比输入性学习更能激发学生的学习欲望和学习热情，更能够取得好的学习效果。换句话说，以产出任务作为教学起点，学生尝试性完成产出任务后，一方面能够意识到产出任务对提高文化素养、完成学业和改进未来工作的交际价值；另一方面，能够认识到自己语言能力的不足，增强学习的紧迫感。该假设相信，一旦学生明确了产出任务的意义和自身的不足，就会更积极主动地为完成产出任务而进行输入性学习，以弥补自己的不足（文秋芳，2014b）。Krashen（1985）的输入假设将输入视为二语习得的决定性条件，忽略了输出的作用。Swain（1995）的输出假设在认可输入作用的前提下，补充说明了输出不可或缺的四大功能：（1）强化语言的流利度；（2）验证语言假设；（3）提高对语言缺口的意识程度；（4）培养元语言能力。然而她未明确提出，在不同阶段，学习要以输出来驱动输入。Long早期的互动假设（1983）强调互动可以提供输入的可理解性，并在后期修订过的互动假设中（1996）补充说明，纠正性反馈（corrective feedback）有利于学习者习得正确的语言形式，但他也未揭示输出对输入的反作用。输出驱动假设借鉴了前人对输入和输出在二语习得中作用的阐述，不同的是，该假设颠覆了"先输入，后输出"的常规教学顺序，代之以"输出→输入→输出"。

3.2 输入促成假设

该假设提出，在输出驱动的条件下，适时提供能够促成产出的恰当输入，能够取得更好的学习效果。笔者多次观察过大学英语教学课堂，发现有些教师遵循"学生中心教学法"：首先给学生布置一项产出任务，然后组织对子或小组讨论，或在全班开展"头脑风暴"，集思广益，最后进行产出任务的练习。这些教师相信，学生通过积极参与知识构建的过程，能够互相学习、取长补短。笔者认为，这样的方式确实能够激活学生已有的知识和语言点，增强其运用语言的流利度，也能使学生从同学那里获得新知识点或新语言点，但学习的效率会受到明显限制，因为学生之间的差异毕竟有限，且这种学习好比日常生活中的自然学习，需要学习者有高度的自我学习意识。如果在学生互动交流的基础上，教师能够提供恰当的输入材料，这些材料就能起到"专家引领"的作用，有效拓展学生现有的知识与语言体系，将产出水平推向一个新高度。

3.3 选择性学习假设

选择性学习指的是根据产出需要，从输入材料中挑选出有用的部分进行深度加工、练习和记忆。该假设认为，选择性学习比非选择性学习更能优化学习效果（Hanten et al., 2007；Miyawaki, 2012）。根据心理学理论，无论是课堂学习还是日常学习，成功的学习者总是从接触到的多种信息中选择重要信息进行处理、记忆，而不是不加区分地进行全面、深度加工（Hanten et al., 2007）。这个道理其实很简单，人在同一个时段的注意力和记忆力总是有限的。如果焦点不集中，有限资源分散在多个焦点上，学习有效性自然不会高。

传统的"精读"教学模式属于非选择性学习，即将课文中出现的所有语言现象不加选择地进行加工，期待学生掌握课文中的一切新知识。这种学习方式在特定环境中具有一定价值。在我国外语输入极少的时候，采用这种"精读"学习方式能够最大限度地发挥有限输入的作用。但现在学习外语的条件有了很大改善，特别是英语，输入几乎无处不在。只要想学，随时随地都能找到大量材料。在面对大量学习材料而课堂教学时间非常有限时，学生必须进行选择性学习。

此外，选择性学习假设也具有社会真实性。在实际生活中，人们经常在产出任务的驱动下去寻找输入材料，撰写论文、准备会议发言稿都需要寻找大量参考文献。人们在面对多种参考材料时，总是择其有用部分为自己服务。如果采用非选择性学习，从头到尾仔细加工，必然费时费力，且收效不高。

4. 教学流程

POA的教学流程涵盖三个阶段：（1）驱动（motivating）；（2）促成（enabling）；（3）评价（assessing）。这三个阶段都必须以教师为中介。这里的中介作用具体表现为引领（guide）、设计（design）、支架（scaffolding）作用等。

4.1 驱动

传统外语教学开始一个新单元时，通常由教师组织"热身"（warm-up）/"导入"（lead-in）活动，以激发学生学习新课文的兴趣或者激活学生已有的背景知识。不管采用何种形式，都是为了更好地学习课文。从这个意义上说，这样的"热身"活动都是为后面学习课文做铺垫，或者说是为更好地接受输入做准备，而不是激发产出的欲望。

与传统教学方法不同，POA将产出的驱动置于新单元的开头。驱动包括三个环节：（1）教师呈现交际场景；（2）学生尝试完成交际活动；（3）教师说明教学目标和产出任务（见表18）。

表 18. 驱动的教学步骤和要求

	教学步骤	教学要求
1	教师呈现交际场景	场景具有交际性，话题具有认知挑战性
2	学生尝试完成交际活动	让学生意识到自己语言的不足，产生学习欲望
3	教师说明教学目标和产出任务	使学生明确交际与语言两类目标，使学生清楚产出任务的类型和内容

第一个环节"教师呈现交际场景"是POA最具创意的部分。POA试图在新单元学习之前，就明确向学生呈现他们在未来学习和工作中可能碰到的交际场

景和讨论的话题。学生虽未经历过这些场景，但他们能够真实感受到这些情景存在的"可能性"及在这些场景中所要讨论的话题对其认知的挑战性。第二个环节"学生尝试完成交际活动"，让学生亲身体验到，完成这样看似简单、平常的产出任务并非易事，日后可能因此而出现尴尬，或陷入窘境。此时他们内心会产生一种学习的压力和动力。这就是教师有意在为学生制造"饥饿状态"。第三个环节是"教师说明教学目标和产出任务"。教学目标分为两类：第一类为交际目标，即能完成何种交际任务；第二类为语言目标，即需要掌握哪些单词、短语或语法知识。与以往课文教学不同的是，所列出的语言目标一定要为交际目标服务。凡是输入材料中与本单元交际目标无关的新单词、短语或语法形式均不列在语言目标中。这就是前面提到的对选择性学习的要求。按照完成任务的时间，产出任务分为课内和课外两类，课内指的是与输入学习同步进行的产出练习，课外指的是教师要求学生课下完成的产出练习。按照难度，课外任务又分为复习性和迁移性两种。所谓"复习性任务"，就是期待学生连贯熟练完成课堂中分步练习的子任务；所谓"迁移性任务"，就是要求学生运用课堂中练习过的能力完成的新任务。

鉴于目前移动技术的普及，产出驱动这一环节可以拍成视频或微课，让学生在课前学习。课上，教师只需要检查学生对视频、教学目标和产出任务的理解情况即可。这样可以腾出更多时间进入第二个阶段。

对于实施POA的教师来说，这个环节最具挑战性，因为教师不能像传统教学一样，只围绕课文设计教学流程。POA要求教师确定恰当的产出目标和与之相匹配的产出任务，还要求围绕目标和任务设计产出场景，用于激发学生学习输入的动力。即便将来出版社编写了适合POA的教材，教师仍旧要根据自己所教学生的外语水平，对教材中提供的产出情景的难易度进行适当调整，并根据学生外语水平的差异，提供有区别性的产出任务，供不同水平的学生进行选择，充分发挥学生的潜能。

4.2 促成

促成包含三个主要步骤：（1）教师描述产出任务；（2）学生进行选择性学

习，教师给予指导并检查；（3）学生练习产出，教师给予指导并检查。下表列出了每个步骤的教学要求（见表19）。

表 19.　促成的教学步骤和要求

	教学步骤	教学要求
1	教师描述产出任务	使学生清楚了解完成产出任务的步骤和每一步的具体要求
2	学生进行选择性学习，教师给予指导并检查	使学生能够从输入中选择产出任务所需的内容、语言形式或话语结构
3	学生练习产出，教师给予指导并检查	使学生能够立即将选择性学习结果运用到产出任务中去

　　为了降低产出任务的难度，同时为了缩小产出与输入学习之间的距离，教师通常会将一项大的产出任务分解为若干项子任务，围绕每项子任务，可能需要依次重复表19提到的三个步骤。

　　POA引导学生从输入中选择什么呢？成功完成一项产出任务，至少需要内容、语言形式和用语言表达内容的话语结构。根据选择性学习的原则，每个时段的教学要有重点。POA通常从内容开始。有些产出任务，如果没有输入材料的帮助，即便要求有些学生用中文回答，他们也未必说得清楚。第二步将重点放在语言表达形式的学习上，其中包括能够为产出任务服务的单词、短语和句型。第三步是从输入中提取产出任务所需要的话语结构。POA建议采用学生或教师模仿学生完成的优秀作品作为提取话语结构的输入材料，因为英语本族语者撰写的文章或者口头发言材料一般比较长，学生不易模仿。这里还需要强调的是，学生提取的话语结构仅作为起步阶段的帮助，此后，POA应该鼓励学生运用富有个性特征的自我表达结构。

　　教师在引导学生对输入材料进行处理时，学生选择内容、语言形式或话语结构，教师需要即时检查选择的结果，以便了解学生选择性学习的成效。

　　输入促成的第三个环节是产出练习与检查。产出任务的完成不能采用"放羊式"，让学生在课内开展对子或小组练习后不检查。按照POA的教学要求，产出练习要在教师的指导下循序渐进地进行。练习结束时，要立即进行评估，了解学生是否具备完成产出任务的能力。

在这个阶段，教师的脚手架作用最为明显。教师要在充分了解学情的基础上，决定提供帮助的程度。根据社会文化理论，选择谁来做脚手架，以及提供脚手架的方式都要符合学生的外语水平。提供的帮助过多，不利于培养学生的学习自主性；提供的帮助不足，学习效率受限。因此，教师要有意识地逐步降低自己的脚手架作用，同时逐步提高学生的学习责任感（Van de Pol et al.，2010）。以"谁来做脚手架"为例，在实施POA开始阶段，学生不熟悉如何从输入中提取有用材料为产出服务，教师就要更多地承担脚手架的功能。一旦一些高水平学生掌握了选择性学习的方法，就可以让他们承担这个功能。再如，为产出任务寻找恰当的输入材料。开头阶段，教师承担主要责任，但学生熟悉了POA的教学理念、教学假设和教学流程以后，教师就要鼓励学生自己寻找合适的材料，对教材中的材料加以补充，或者要求他们自己寻找全新的输入材料。

4.3 评价

产出的评价可以分为即时和延时两种。即时评价指的是促成两个环节中的检查部分，即在学生进行选择性学习和产出任务练习的过程中，教师对学生的学习效果给予的评价。这种即时评价能够帮助教师适时调整教学节奏，掌控教学进度。延时评价指的是学生根据教师的要求，完成课外练习后，再将练习的成果提交给教师评价。本节主要讨论延时评价。

延时评价的产出结果有两类：（1）复习性产出；（2）迁移性产出。在促成阶段，学生分步练习了若干产出子任务。课后，教师要求学生连贯地完成整个产出任务，并在下一节课上展示，这就是复习性产出。教师也可以要求一些高水平学生完成具有一定相似性的新任务，这就是迁移性产出。产出的呈现形式可以是说、写、口译、笔译和编译，具体采用何种形式可允许学生根据自己未来就业的需要进行选择（文秋芳，2014b：10）。由于课堂教学时间非常宝贵，POA认为不宜在课上检查所有学生的产出成果，因此这里区分了课内评价与课外评价。

表20列出了延时评价产出任务的步骤和要求。第一项任务是学习评价标

准。POA强调标准的构建需要师生共同参与，务必取得共识。不同的产出成果有着不同的评价标准。教师可以结合具体的产出任务和样本分别讨论说、写、译的评价标准。标准要表述清楚，便于学生理解，同时也要有利于他们对照检查自己执行的情况。第二项任务是提交产出成果。教师要事先向学生说明提交成果的最后期限和提交形式，建议以书面形式发给每个学生，这样不易导致学生误解或遗忘（见表20）。

表 20.　延时评价产出任务的步骤和要求

	教学步骤	教学要求
1	师生共同学习评价标准	标准清晰、易懂、易对照检查
2	学生提交产出成果	提交期限清楚，提交形式明确
3	师生课上评价产出成果	合理安排时间，对听众提出明确要求，教师评价有针对性
4	师生课下评价产出成果	师生共同参与评价，以学生陆续提交的产出成果作为形成性评价的依据

对于需要在课堂上评价的口头产出成果，教师一定要事先了解学生展示的内容，并做好评价准备。教师的评价不能大而化之，大同小异。有针对性和区别性的评价是学生特别期待的反馈。与此同时，要事先设计有效方法，确保听众与展示者共同受益（详细做法参见文秋芳，2014b：10）。如果课堂上评价的是书面产出成果，最好采取师生合作评价的方式。具体做法是，教师课前精心批改所要讨论的作文。课堂上，教师先将未批改的原文发给学生评价，再给出自己的修改方式，然后与学生共同讨论修改的理由。这样的合作评价方式通常能够取得更好的学习效果。其他未参与课内评价的同学一定要在网上提交产出成果，师生共同给予评价。

对延时评价任务的选择与布置，教师除了要考虑与教学目标和所学输入的关联度外，还要考虑学生的学习负担。虽然产出任务有助于综合运用外语能力的培养，但当多门课程的产出任务集中在同一时段时，学生就可能疲于应付，得不到应有的效果。教师最好在开学初就向学生公布整体评价计划，并征求学生意见。学生一学期要完成多项产出任务。POA主张将学生完成的所有产出任务及其评价形成档案袋，这样既可以让学生亲身体验自己一学期取得的进步，又可以将档案袋作为学生本学期形成性评估的依据。

5. 结语

本文所构建的POA理论体系目前仍处于发展和完善期。笔者期待有更多的高校外语教师在其课堂上实践，并提出批评和建议。产出导向法是一种全新的教学方法，需要学生克服思维定式和实践惰性。因此，在实施POA之前，教师必须花费足够时间对学生进行"导学"，解释"学习中心说""学用一体说"和"全人教育说"的理据，讲解输出驱动、输入促成和选择性学习的理由并演示其具体做法。只有当学生理解并接受了POA的理念并在初步实践中尝到甜头，POA才有可能取得成效。根据前期教师尝试POA的实践，大学生接受POA需要一个过程。笔者认为，只有在成功"导学"的前提下，才有可能对POA的有效性做出客观评价。

中国外语教学历史悠久，且拥有世界上最大的外语教师群体。笔者希望看到越来越多的学者致力于建设符合中国特色的外语教学理论，百花齐放，百家争鸣，推动多元的中国外语教学理论走向世界。

参考文献

- 鲍建生，王洁，顾泠沅.聚焦课堂 [M].上海：上海外语教育出版社，2005.
- 蔡基刚.中国大学英语教学路在何方 [M].上海：上海交通大学出版社，2012.
- 黄月圆，顾曰国.以学生为中心，多维一体的大学英语教学法 [J].外语教学与研究，1996 (2):9-13.
- 教育部高等教育司.大学英语课程教学要求 [M].北京：外语教学与研究出版社，2007.
- 王策三.论教师的主导作用和学生的主体地位 [J].北京师范大学学报（社会科学版），1983 (6):70-76.
- 王守仁.关于高校大学英语教学的几点思考 [J].外语教学理论与实践，2011 (1):1-5.
- 王守仁.坚持科学的大学英语教学改革观 [J].外语界，2013 (6):9-13, 22.
- 王守仁，王海啸.我国高校大学英语教学现状调查及大学英语教学改革与发展方向 [J].中国外语，2011(5):4-11, 17.
- 文秋芳.输出驱动假设和问题驱动假设——论述新世纪英语专业课程设置与教学方法的改革 [R].上海：首届全国英语专业院系主任高级论坛，2007-05-12.
- 文秋芳.输出驱动假设与英语专业技能课程改革 [J].外语界，2008 (2):2-9.
- 文秋芳.输出驱动假设在大学英语教学中的应用：思考与建议 [J].外语界，2013 (6):14-22.
- 文秋芳.大学英语教学中通用英语与专用英语之争：问题与对策 [J].外语与外语教学，2014a (1):1-8.
- 文秋芳.输出驱动–输入促成假设：构建大学外语课堂教学理论的尝试 [J].中国外语教育，2014b(2):3-12, 98.
- 杨忠.培养技能，发展智能——外语教育工具性与人文性的统一 [J].外语学刊，2007 (6):133-137.
- 钟启泉，汪霞，王文静.课程与教学论 [M].上海：华东师范大学出版社，2008.
- COLLINS J W, O'BRIEN N P. Greenwood dictionary of education [M]. Westport: Greenwood, 2003.
- HANTEN G, LI X, CHAPMAN S B, SWANK P, GAMINO J, ROBERSON G, LEVIN H S. Development of verbal selective learning [J]. Developmental neuropsychology, 2007, 32 (1):585-559.
- KIRSCHNER P A, SWELLER J, CLARK R E. Why minimal guidance during instruction does not work: An analysis of the failure of constructivist, discovery, problem-based, experiential, and inquiry-based teaching [J]. Educational psychologist, 2006, 41 (2):75-86.

- KRASHEN S. The input hypothesis: Issues and implications [M]. London: Longman, 1985.

- LARSEN-FREEMAN D. Teaching language: From grammar to grammaring [M]. Boston: Thomson Heinle, 2005.

- LONG M H. Native speaker/non-native speaker conversation and the negotiation of comprehensible input [J]. Applied linguistics, 1983, 4 (2): 126-141.

- LONG M H. The role of the linguistic environment in second language acquisition [M]//RITCHIE W C, BHATIA T K. Handbook of second language acquisition. San Diego: Academic Press, 1996: 413-468.

- MERCER N, DAWES L. The study of talk between teachers and students, from the 1970s until the 2010s [J]. Oxford review of education, 2014, 40 (4): 430-445.

- MIYAWAKI K. Selective learning enabled by intention to learn in sequence learning [J]. Psychological research, 2012 (76): 84-96.

- SWAIN M. Three functions of output in the language learning [M]// COOK G, SEIDLHOFER B. Principles and practice in applied linguistics: Studies in honor of H. G. Widdowson. Oxford: OUP, 1995: 125-144.

- VAN D P, MONIQUE J, JOS B. Scaffolding in teacher-student interaction: A decade of research [J]. Educational psychological review, 2010, 22 (3): 271-296.

- WEN Q F. Production-oriented approach to teaching Chinese adult learners [R]. A keynote speech at the 7th International Conference on English Language Teaching in China. October 23-26. Nanjing, China, 2014.

八　产出导向法与
对外汉语教学[15]

1. 引言

产出导向法（POA）由北京外国语大学中国外语与教育研究中心团队创建，旨在克服中国外语教学中学用分离的弊端。POA继承了古代《学记》中优良的教育传统，借鉴了国外外语教学理论，体现了唯物辩证法基本理念，强调学中用，用中学，边学边用，边用边学，学与用无缝对接。经过10余载努力，POA理论与实践日臻完善，研究团队在国内外发表了系列论文（文秋芳，2008；文秋芳，2013；文秋芳，2014；文秋芳，2015；文秋芳，2016；文秋芳，2017a；文秋芳，2017b；文秋芳，2017c；Wen，2016；Wen，2017），POA多次成为国内外学术研讨会的主旨报告主题，根据POA理念编写的《新一代大学英语》（王守仁，文秋芳，2015）已在全国多所高校应用，现已取得初步成效（参见毕争，2017；常小玲，2017；张伶俐，2017；张文娟，2017a），在国外学界也产生了一定影响（参见Cumming，2017；Ellis，2017；Matsuda，2017；

15 原载《世界汉语教学》2018年第3期，387—400页。本文是教育部人文社科重点研究基地重大项目（16JJD740002）子课题"产出导向法理论体系与实施方法研究"的阶段性成果。朱勇副教授、本人指导的多位博士生阅读了本文初稿，提出了宝贵的修改建议，在此表示衷心感谢。对《世界汉语教学》匿名评审人提出的修改意见致以特别的谢意。

Polio，2017）。

2017年5月，POA团队在北京组织召开"首届创新外语教育在中国国际论坛"。论坛上，加拿大多伦多大学Alister Cumming教授、美国密歇根州立大学Charlene Polio教授等学者建议将POA应用到对外汉语教学中。在这一背景下，笔者从2017年6月开始，与北京外国语大学对外汉语青年教师团队进行多次集体研讨，改编现行教学材料，设计教学活动，讨论课堂教学实施和教学研究数据收集等问题，并于2017年9月正式开展教学实验，其结果初步证明了POA在对外汉语教学中的可操作性和有效性（桂靖，季薇，2018；朱勇，白雪，2019）。笔者结合他们的教学实践和对POA英语教学实践结果的反思，对POA理论体系进行了完善，使之更适合对外汉语教学。

我国对外汉语教学与外语教学同属于第二语言教学。逻辑上说，这两种教学应该有共享理论。遗憾的是，我国外语教师与对外汉语教师这两个群体之间无实质性沟通，更无共创理论的学术自觉。这两支队伍孤军奋战，显然不利于提高我国在国际学界的影响力。"产出导向法"在对外汉语教学中的应用，可以看作是两支队伍联合作战的初步尝试。下文将简要说明创建POA的背景，接着介绍POA的发展历程，其中，重点解释最新修订的POA理论体系，最后说明将POA应用于对外汉语教学时应注意的问题。

2. 创建POA的背景

外语人才的培养为我国40年的改革开放发挥了不可或缺的作用。然而，高校外语教育的质量还远不能满足社会的需求和学习者的期望，批评声不绝于耳。最常听到的批评是"费时低效""高投入、低产出""哑巴英语"等（蔡基刚，2012；戴炜栋，2001；井升华，1999；李岚清，1996）。笔者认为，尽管我国外语教学确实存在输入贫乏、交际需求不足的客观不利因素，但外语教育仍旧有许多值得改进的空间。根据POA团队的分析和梳理，我国外语教育存在的根本问题是"学用分离"。如果采用西方术语，就是"输入与输出分离"。[16]

　　目前，我国大学外语教学一般是每周四课时，其中综合课三课时，听说课一课时。综合课教学方式大致分为两类："课文中心"和"任务中心"（Wen, 2017）。总体上说，"课文中心"教学更为普遍，其历史长，影响广，可以进一步分为"自下而上"和"自上而下"两种。这两种课文教学虽路径有异，但弊端相似，即重输入、轻输出。

　　"自下而上"的课文教学盛行于20世纪50年代到90年代中期，目前少数偏远地区仍在使用。所谓"自下而上"，指的是教学内容从语言形式的小单位到大单位。一般情况下，教师把课文分成若干个小部分，每个小部分包括一个或若干个自然段，段落的数量取决于每个自然段的长短。教学流程大致是：首先让学生逐段朗读课文，然后攻克单词，再解释语法，最后解释难句的意思。根据每个单词的不同用法，教师会给出若干例句。为了让学生记住单词的用法，教师会让学生将中文句子翻译成外文。就语法难点而言，除了处理文中的意思，教师往往给出更多例句，进行拓展。讲解难句最常用的方法是要求学生用自己的语言解释文中原句意思。用这样的流程处理完整篇课文后，再做课文后面的练习。也有教师将文后练习与段落处理结合在一起。课后学生复习，包括背单词、背课文、做练习等。为了检查上次课堂教学效果，教师通常让学生默写单词、做短文听写、复述课文等。20世纪70年代，笔者当学生时接受的就是这样的训练。毕业后，笔者也采用这样的方法教授自己的学生。这种教学关注的重点是语言知识和记忆知识的能力，至于学生如何能将所学知识运用到真实交际活动中，似乎不是教师的职责。教师常说："Practice makes perfect"（熟能生巧），目的是要求学生课外多练习。

　　"自上而下"的课文教学始于20世纪90年代中期，当下使用极其广泛。

---

16 在中文语境中，"学"通常指"接受新知识"，相当于英文中的"加工输入"，以获得新知为目标；"用"相当于英文中的"输出"，将学习者从输入中获得的新知运用到交际中。如果将"用"翻译成英文 use，就会产生歧义，因为在英文中，听、说、读、写、译的活动都是在运用语言。为了避免歧义，"学用分离"的英文是 separation between input and output。

所谓"自上而下"，就是教学从整篇文章的意义出发，而不是从单词、句子的语言形式出发。笔者观察多届"全国大学英语教学大赛"后发现，多数参赛教师的教学流程包括：（1）预热活动（warm-up），旨在激发学生对新课文的兴趣；（2）略读和扫读（skimming and scanning），旨在让学生了解文章的概要；（3）分析课文结构（structure analysis），旨在让学生掌握课文的总体框架；（4）理解课文内容，穿插讲解少量单词和难句，旨在让学生了解作者要表达的内容；（5）做课文后的练习。少数教师会要求学生做与课文结构有关的产出活动。例如，张丹丹（2012）参赛所教课文的名称是：To lie or not to lie: A doctor's dilemma（撒谎还是不撒谎——医生的两难）。课后要求学生进行创造性写作，具体要求是：从下列题目中任选一个：（1）To quit or to continue: A smoker's dilemma（戒还是不戒——吸烟者的两难）；（2）To run or to stay: A thief's dilemma（跑还是留——小偷的两难）；或者根据句式"To _ or to _ : A'_ s dilemma"自己命题。很显然，这类创造性写作与所学课文中出现的语言项目几乎无关。总体来说，"自上而下"课文教学关注课文内容，对语言形式未给予足够重视。教学中没有循序渐进的活动，学生不能将课文中学到的语言知识转化为表达能力。

"任务中心"教学也称"任务教学法"或"任务型教学"。20世纪末，该教学法被引介到国内（夏纪梅，孔宪辉，1998），但与"课文中心"教学相比，真正将这一方法全面应用到教学中的教师仍是少数。"任务中心"教学鼓励学生在完成具有交际价值任务的过程中提高自己的语言使用能力。例如，"假如你是北京市市长，你会采取哪些措施来打好蓝天保卫战？就你的设想撰写一篇不少于150字的英文作文。"这项任务的教学流程大致是：课堂上，教师首先将学生分成小组，开展头脑风暴，然后大班分享小组讨论结果，教师给予点评，课后学生各自写作文，可查询网络资源，也可以查阅其他参考资料。这种教学能够为学生提供运用接受性知识的机会，但存在的问题是，学生只能调用已有知识，而不能有效拓展自己的知识和技能体系。虽然学生之间的讨论和课后搜寻资料能够提供学生互相学习或自学的机会，但这种学习的发生带有很大偶然性，因为在完成整个任务的过程中，教师未提供专业性指导，如带领学生加工与环保相关的输入，有针对性地弥补和拓展学生的语言形式、环保知识和写作的语篇知识。与"课文中心"教学相比，"任务中心"教学重视输出，有利于学生盘活已有的"死"知识，但缺少有效输入。有人可能说，这些教师未能正确使用"任务教学法"。这里讨论的是目前我国大学外语教学的现状，而不是评价"任务教学法"理论本身。

综上所述，"自下而上"的课文教学重视输入的语言形式，"自上而下"的课文教学重视输入的意义，但两者都未给输出足够的关注，使得有输入、无有效输出，输入与输出脱节。"任务中心"教学重视输出，忽略有针对性的输入，仍旧使输入和输出脱节。笔者将这两类教学中存在的问题统称为"学用分离"。POA的提出就是要解决这一问题，以提高外语教学效率。

3. POA理论体系的发展历程

在理论—实践—诠释多轮循环互动的基础上，POA理论体系的发展大致经历了五个阶段：（1）预热期；（2）雏形期；（3）形成期；（4）修订期；（5）再修订期（见表21）。

表21. POA理论体系发展历程

阶段名称	时间周期	理论发展轨迹	文秋芳发表的主要论文
预热期	2007—2013	提出"输出驱动假设"	《外语界》2008年第2期；《外语界》2013年第6期
雏形期	2013—2014	提出"输出驱动－输入促成假设"	《中国外语教育》2014年第2期
形成期	2015—2016	首次构建POA理论体系	《外语教学与研究》2015年第4期；另有两篇英文论文见参考文献
修订期	2016—2017	修订POA理论体系	《现代外语》2017年第3期；《外语界》2017年第4期
再修订期	2017—2018	再次修订POA理论体系	《世界汉语教学》2018年第3期

3.1 POA理论预热期

2007年5月，笔者应邀作为主旨发言人在上海外语教育出版社举办的"首届全国英语专业院系主任高级论坛"上发言，后来发表论文《输出驱动假设与英语专业技能课程改革》（文秋芳，2008）。该假设包含三个主张：第一，从心理语言学角度看，输出比输入对外语能力发展的驱动力更大；第二，从职场需要出发，培养学生的说、写、译产出技能比单纯培养听、读接受性技能更能体现社会功能；第三，从外语教学角度看，以输出为导向的综合技能训练比单项技能训练更富成效，更符合学生未来的就业需要。

依据上述主张，该文提出了以输出驱动为教学理念的新课程体系，其中包括技能导学课、赏析课、口头表达课、笔头表达课、口译课、笔译课；听力和阅读不再单独设课，而是融合在口笔头表达课和口译、笔译课中。在这一课程体系中，以输出为终极形式的综合技能课的课时占80%。有部分教师将这一假设应用到教学实践中，取得了一定成效（如陈文凯，2010；方芳，夏蓓洁，2010；赵靖娜，2012）。

笔者的论文《输出驱动假设在大学英语教学中的应用：思考与建议》（文秋芳，2013）讨论了输出驱动假设与Krashen（1985）的输入假设、Swain（1985）的输出假设、Long（1983）的互动假设的异同，同时提出了以输出驱动假设为依据的大学英语课程体系，描述课堂教学的基本流程。

同期，笔者在五所大学组织了POA教学实践研究。参加研究的每位教师依据输出驱动理念设计了四课时教学方案，其中有综合英语课、视听说课、学术英语课。为了便于研究，对每位教师的授课进行全程录像。教学结束后，参加POA实践研究的全体教师结合录像资料对教学结果进行分析和总结，发现实践中未解决的问题是：为输出提供的输入不够系统，教师的帮助缺乏针对性。

3.2 POA理论雏形期

随后，为解决上述实践中出现的问题，POA研究团队提出输出驱动-输入促成假设，并邀请资深外语教育研究者就这一假设进行研讨，后撰文解释了新假设的内涵（文秋芳，2014），说明了实施新假设的具体步骤，回应了相应的质疑。该假设主张，在输出驱动的前提下，教师必须首先有计划、有步骤地为学生的输出提供有针对性的输入，以促成输出任务的完成，最后对产出进行有效评价（见图8）。文秋芳（2014）还以"中西饮食文化比较"[17]为例说明了如何在课堂教学中落实这一假设。

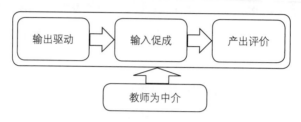

图8. 输出驱动–输入促成假设

3.3 理论形成期

2014年下半年，POA团队与北京外国语大学教授Alister Cumming就如何将输出驱动–输入促成假设凝练成抽象的概念体系进行了多次深入探讨，确定了POA这一名称。之后，笔者发表了第一篇完整阐述POA教学理念、教学假设和教学流程的论文（文秋芳，2015）。

2015年6月笔者应邀出席了香港大学举办的国际研讨会并作主旨发言。基于大会主旨发言内容撰写的英文论文"The production-oriented approach to teaching university students English in China"（教授中国大学生英语的产出导向法）于2016年4月在剑桥大学出版的 *Language Teaching*（《语言教学》）上刊发。其后，另一篇英文论文"The production-oriented approach: A pedagogical innovation in university English teaching in China"（产出导向法：中国大学英语教学的创新）被收在Wong & Hyland主编的，由Routledge出版社于2017年出版的 *Faces of English Education: Students, Teachers, and Pedagogy*（《英语教育面面观：学生、教师和教法》）一书中。这两篇英文论文的发表是POA跨出国门的初始成果。

在这一阶段，有多位学者在第八批"中国外语教育基金"的资助下，就POA理论体系在课堂教学实践中如何具体落实开展了教学研究。特别值得一提的是，2017年5月，张文娟（2017b）以《"产出导向法"应用于大学英语教

---

17 这一主题源自北京航空航天大学曹巧珍老师在视听说课中实施的"输出驱动假设"试验。

学之行动研究》为题顺利完成了博士论文，为POA理论体系的修订提供了重要证据。

3.4 POA理论修订期

2017年，POA团队举办了两次国际论坛，与国内外学者就POA的理论与实践进行对话交流。第一次于5月15日在北京外国语大学举办，第二次于10月13—14日在奥地利维也纳大学举办。出席第一次论坛的有10位专家，其中外国专家有Rod Ellis、Alister Cumming、Paul Matsuda、Charlene Polio、Patricia Duff，国内专家有王守仁、王海啸、王俊菊、王初明、韩宝成。出席第二次论坛的有八位专家，其中外国专家有Henry Widdowson、Barbara Seidlhofer、Kurt Kohn、Éva Illés、Iris Schaller-Schwaner、Paola Vettorel，国内专家有韩宝成、徐浩。POA团队从这两次对话中汲取了营养和智慧，对POA理论体系进行了第一次修订（见图9），并在对比国外理论的基础上，分析了POA的中国特色，继而发表了两篇论文（文秋芳，2017a；文秋芳，2017c）。

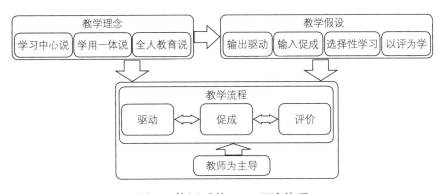

图9. 修订后的POA理论体系

与2015年的POA理论体系相比，2017年我们对该理论进行了三处调整：（1）增加了"以评为（wéi）学"假设；（2）将教学流程中的单向箭头改为双向箭头，以突出教学环节的互动性和循环性；（3）将"教师为中介"改为"教师主导"，这样更符合中文表述习惯，便于一线教师理解。

3.5 POA理论再修订期

图10展现了最新修订的POA理论体系。就总体框架及其内部关系而言，新修订体系与第一次修订后的体系相同。POA体系仍由教学理念、教学假设、教学流程三部分组成。这三部分的关系是：教学理念起着指南针的作用，决定着教学假设、教学流程的方向和行动的目标；教学假设受到教学理念的制约，同时也是决定教学流程的理论依据，是教学流程检验的对象；教学流程既要充分体现教学理念和教学假设，也要作为实践为检验教学假设的有效性提供实证依据。

具体变化主要体现在理论体系三部分内部各自的内容和展现形式。教学理念部分针对教学内容，增加了"文化交流说"。培养目标部分，"关键能力说"替换了"全人教育说"，使教育目标更具体化，更可教、可测、可量。教学流程部分将驱动—促成—评价三个环节分为内部的小循环和整体的大循环，同时在教学流程中对教师和学生的作用进行了更清晰的界定，强调教师主导下师生合作共建的教学过程。下文将阐释POA理论的三个部分。

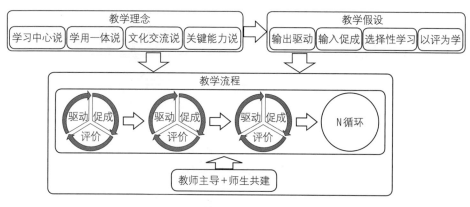

图10. 再修订的POA理论体系

3.5.1 教学理念

教学理念包含"学习中心说""学用一体说""文化交流说"和"关键能力说"。"学习中心说"挑战的是"学习者中心说"。应该承认，"学习者中心说"相对于"教师中心说"是一大进步。如果教师眼中无学生，教学不考虑学生的水平和需求，教学就注定要失败。但如果一味强调以学习者为中心，也易产生误导作用。正如赵金铭（2008）所指出的，对这一提法，应采取十分谨慎的态度。实际上，在交际活动实施过程中，教师在课堂上，仍在一定程度上控制着教学内容和教学方法。我国倡导的教学原则是"教师主导、学生主体"（王策三，1983）。笔者认为，"双主原则"更能准确反映教育的本质。在教的过程中，教师应起主导作用，如果将这一作用让渡给学生，就混淆了正规课堂教学与学生课外自学；在学的过程中，学生要发挥主体作用，教师不能代替学生学习。教师与学生是教与学中两个互相对立同时又相互联系的矛盾体，矛盾的主要方面不是固定不变的。在课堂教学中，总体上说，矛盾的主要方面是教师，而不是学生。这就是说，教师是决定课堂教学质量和效率的关键因素。

POA提出，"学习中心说"回避了"双主原则"的复杂性，强调一切教学活动都是为了让"学习"发生。重要的是让学生学有所获，学有所成，至于谁是中心，这是表象，并不是教育的本质。

"学用一体说"与中国传统的"知行合一观"一脉相承，强调课堂教学中输入和输出一体化。换句话说，输入与输出之间不允许有很长的时间间隔，学一点，用一点，学用无缝对接。而目前的英语课堂教学"学用分离"问题比较严重，大多数重学轻用，少数重用轻学。这些现象在对外汉语教学中也以不同的表现形式存在。例如，来华学习汉语的外国留学生学习初级日常生活汉语时，"学用分离"现象可能不突出，这主要是因为有汉语环境，而且也有使用汉语的实际需求，但在学习稍高层次的汉语课文时，所学与所用就可能出现"脱节"。POA将每个教学单元产出的总体目标细化为小目标，将每个小目标中的输入与输出紧密相连，这样就能有效缩短学用之间的间隔。

"文化交流说"的提出旨在正确处理目的语文化与学习者本土文化的关系。对外汉语的授课对象来自不同国家，有着不同的意识形态。语言与文化紧密相连，文化教育这一议题无法回避。有人认为对外汉语教学必须向学习者传播中国文化，通过语言的学习使学习者认同中国文化；也有人认为汉语教学要贴近学习者的思维、生活和习惯（许琳，2007），贴近他们的文化情境，让他们能用汉语叙述身边事、身边人，以增强他们的学习兴趣。上述两种态度，一个强调中国文化的学习，另一个提倡学习者本土文化的表达。与这两种态度不同，

"文化交流说"主张不同文明之间相互对话、相互尊重、相互理解、相互学习（李泉，2011）。换句话说，对外汉语教学的目标不是要求学习者认同或者接受中国文化，而是期待他们能够通过汉语了解和认识中国，尊重中国文化，能够用汉语介绍他们自己的文化和传统，彼此之间可以互相借鉴。只有保持平等交流的态度，才不会让对方产生反感，甚至抵制。

需要强调的是，文化交流必须以语言为载体。从这个意义上说，在课堂教学中，语言教学始终是明线，文化学习融合在语言教学中，而不是两张皮。应该承认，多数人学习外语都以工具性目标为主，即学习外语或是为了完成学业，或是为了将来在就业市场上更具竞争力、有更好的职业发展空间。因此，POA建议对外汉语教学根据这些学习者的具体情况，采用"明语言隐文化"或"以语言带文化"策略，使文化交流和谐顺畅、水到渠成。当然也有外国人对中国文化有浓厚兴趣，我们可以采用"明文化隐语言"的策略，满足这些学习者的需求。

"关键能力说"是新增理念。外语教学必须培养21世纪人人都需要的关键能力，这种能力本质上指的是在一个不确定的复杂情境中解决复杂问题的能力（褚宏启，2016：10）。哪些应定为关键能力？笔者认为，对于不同的授课对象，关键能力应有所不同。例如，针对我国普通高中生的英语学习，教育部（2018）提出了四种核心素养[18]："语言能力""文化品格""思维品质"和"学习能力"。针对学习汉语的国际学生来说，这里的关键能力应该包括"迁移能力""学习能力""合作能力"。"迁移能力"主张课堂教学要能够使学生具有"举一反三"的能力，换句话说，学生在课堂上所学、所做的，要能够用于解决新问题、完成新任务。要贯彻这一理念，POA教学内容要精选，教学过程要细化，除了要求学生完成预先操练过的产出活动外，还要将能力迁移到新问题的解决之中。"学习能力"指的是学生独立学习新知识、新技能的能力，这是学生终身学习、持续发展的必备能力。这里有一点需要强调，POA

---

18 关键能力和核心素养均译为key competency，这表明两者的内涵一致。笔者采用"关键能力"，原因是它更为常用、更易理解。

虽然要求教师在课堂教学中为学生搭建脚手架，帮助学生克服学习困难，但脚手架需要逐步撤离，最终让学生具备独立完成任务的能力。这就要求学生在做中学，不仅学习新语言知识、完成新产出任务，而且要学习和培养"如何学习"的元认知技能（例如：如何选取和加工输入材料，如何将输入有机融入新的产出任务中）。"合作能力"指的是相互尊重、求同存异、善于妥协、协同共进的团队协作精神。教师要将学习能力和合作能力的培养融入POA学习内容的选择和学习活动方式的设计之中，让学生在学习语言的过程中，潜移默化地发展这些能力。

3.5.2 教学假设

POA提出了四个教学假设：输出驱动、输入促成、选择性学习和以评为学。输出驱动假设不同于输出假设（Swain，1985）。后者是二语习得假设，挑战的是Krashen（1985）提出的输入假设，该假设认为，学习者只要能够接触到足量的可理解性输入，语言就能自然习得，输出只是学习的副产品，而不是必要条件。Swain（1985）通过观察加拿大沉浸式英法双语学习者发现，尽管他们成天浸泡在丰富的高质量输入中，二语理解能力与本族语者无明显差异，但他们的二语产出能力与本族语者仍旧相差甚远。她由此得出结论，二语学习者单靠大量输入不能保证二语习得成功，输出必不可少。POA中的"输出驱动"是二语教学假设，逆转的是"先输入后输出"的传统教学顺序，即让学习者先尝试输出，使自己意识到产出的困难，然后教师针对产出目标和学生产出困难提供相关输入，帮助学生有效地吸收、消化和运用后续提供的相关输入。逆转输入–输出顺序的理据是，初始的输出就是为学生提供"知不足"和"知困"的机会（高学良，2006），有意创造"饥饿感"，激发学生学习欲望。

输入促成假设指输入要为明确的产出目标服务，它与Krashen（1985）的假设有着明显区别。第一，Krashen的假设属于二语习得理论范畴，不涉及课堂教学程序。第二，他强调接受大量可理解的自然输入是语言习得的关键。第三，他的假设中不但没有明确输出目标，而且认为输出是输入的自然产物，不需要刻意训练。POA的输入促成假设与输出驱动假设紧密相连。课堂教学中，在输出驱动后，一定要有相应的输入与输出任务精准对接，有效促成输出的顺利完成。这里的输入具有针对性、可学性、促成性。

选择性学习假设认为以目标为导向的重点学习比"全面精学"的效率高，反对将我国"课文中心"的精读方式应用到第二语言教学中。根据我国语文教学传统，每篇课文必须是名家名篇，必须是脍炙人口、素有定评的范文，学习时从字到词、到句、到章，细嚼慢咽，熟读精思（教育部，1963）。这种传统方法对我国外语教学产生了深刻影响，但难以适应知识爆炸的信息化时代对人们学习的要求。同时，科学证明，人脑在同一时间加工、储存和调用信息的能力有限。与其将有限的精力平均分散在多个新语言形式上，还不如抓主要矛盾和矛盾的主要方面，集中力量打歼灭战。鉴于上述理由，POA提出选择性学习假设，提倡根据产出目标的需要，从输入中选择学习所需要的语言、内容和话语结构，对产出不急需的输入材料可以降低要求。例如，只要求理解，不要求产出，有的甚至搁置不学（桂靖，季薇，2018）。

以评为学假设认为课堂教学中评学结合比评学分离能够取得更好的教学效果。该假设的提出有两个目的：一是提高教师对评价的全面认识；二是克服传统评价存在的弊端。一般情况下，教师花费大量时间准备新课，为设计有效的课堂教学方案绞尽脑汁。课堂上教师要耗费精力，想方设法让学生参与新材料的加工、练习和使用。有些人认为，与备课和授课相比，评价似乎不需要花费太多力气，只要能够有东西填写学生的成绩单即可。然而，POA认为，评与学或者评与教应该有机结合，评价是学生学习强化和升华的关键节点，教师必须将此列为教学循环链中必不可少的环节。这就好比种植水稻，如果只花气力育秧、插秧，对后期工作管理不力，最终的丰收只能听天由命。同理，外语教学中，评价相当于后期管理，最接近学习成功的终点，需要教师付出更多努力。传统评价中不管评价的主体是教师、学生还是机器，评和学都出现明显断裂。其主要弊端为：教师与学生的评价分开进行，缺少互动；教师对学生有目的、有重点的专业指导不足，评价与学习难以有机融合。

3.5.3 教学流程

新修订的POA体系将驱动—促成—评价三阶段互动教学流程进行优化，改成了由驱动—促成—评价组成的若干循环链。改动的主要原因是，POA前期理论在驱动、促成和评价三个阶段中运用了双向箭头，以强调每两个阶段之间的互动性和循环性，但这样的表述不太直观明了，难以具体化为实施方案。目前，POA教学实践大多以单元为教学单位，通常采用平行推进式，即一个单元会设计一个大产出目标，然后将大产出目标分解为若干小产出目标，它们之间虽有前后逻辑关系，但各自相对独立，可由驱动—促成—评价组成的完整循环完成，也可在内部进行微循环，以达成微产出目标。随着若干驱动—促成—评价循环的顺利完成，对应的小产出目标也相继实现，最终大产出目标的实现就水到渠成。

驱动环节的主要任务是通过产出使学生认识到自己的不足，从而调动他们的学习积极性，刺激学习欲望。根据学生参与方式的不同，驱动可分为直接和间接两种。前者在教师介绍交际场景和产出活动要求后，直接让学生尝试完成新产出任务；后者用微视频方式，展现水平相似的学生尝试完成同类任务时可能碰到的困难。根据驱动流程的完整性，驱动可以分为复杂和简单两种。前者从教师介绍交际场景到尝试完成产出任务，再到分析产出困难，流程完整；后者可能只覆盖了前者的部分环节，例如，整个流程中可能要求学生尝试新产出任务，但教师并没有花时间让学生仔细分析其中的困难。复杂驱动主要适用于不太了解学生水平、难以预测学生学习困难的教师；简单驱动适用于比较熟悉学生特点的教师。评估"驱动环节"质量的指标有三个：交际真实性、认知挑战性和产出目标恰当性。交际真实性指的是所设计的产出任务一定是现在或未来可能发生的交际活动。例如，朱勇，白雪（2019）要求学生用汉语在"世界青年说"中描述"马来西亚人眼中的中国人"。这项任务具有交际真实性，演讲者来自不同国家，听众是中国人。认知挑战性指的是所设计的产出任务既要能增加学生的新知识，又要能拓展学生的思辨能力。产出目标恰当性指的是要求学生尝试的任务应符合学生的语言水平，不要让学生感到新任务难度太大，无法完成，否则驱动不仅无法激发学生的学习兴趣，反而起到副作用，即降低学生的动机强度。

促成环节的主要任务是要帮助学生"逢山开路、遇水架桥"，有针对性地为学生完成产出任务提供脚手架（朱勇，白雪，2019）。需要指出的是，促成活动不再区分输入还是输出，既包括对输入的加工，也包括对输出活动的完成。至关重要的是，整个促成过程应体现"学用一体"理念。完成每项产出任务需要具备三个条件：内容、语言和话语结构。依据这三个条件，教师首先提供相应的输入材料，同时要设计系列活动让学生将这些输入材料从接受性知识转换为产出性知识。衡量这个环节的指标有三个：精准性、渐进性和多样性（文秋芳，2017c）。精准性指促成活动既要对准预先设立的产出目标，也要对准学生产出中的困难。渐进性指促成活动沿着语言和技能两个相互联系的维度循序渐进。就语言维度而言，促成活动根据学生水平，从词到句、从句到章，逐层推进；就语言技能发展维度而言，促成活动从接受性技能（听和读）到产出性技能（说和写），最终实现用汉语完成具有交际真实性的产出任务。这就是说，教学一定要有"过程性"，教师要带领学生爬坡过坎，最终让学生用汉语"做事"。多样性有三个方面：信息传递渠道、交际类型和活动组织方式。信息传递渠道包括输入活动（听、读、视）和输出活动（说、写、译）；交际类型以听为例，有演讲、故事、新闻、对话、讨论、辩论、访谈等，以说为例，有个人独白、角色扮演、有备演讲、即席演讲、小组辩论等；活动组织形式有个人活动、对子活动、小组活动和大班讨论。多样性的促成活动能使课堂教学丰富多彩，让学生交替使用大脑的不同加工机制，以提高学习效率，而不是为多样而多样。

评价是POA必不可少的教学环节。本次修订的新体系（图10）中的评价包括对促成活动进行的即时评价，也包括对产出成果进行的即时或延时评估。即时评价，就是在教学过程中对学生产出随时做出评价；延时评价，指的是学生课下完成产出任务、提交口笔头产品后再进行评价。POA在比较教师评价、学生自评、学生互评和机器评价的利弊之后，提出以"师生合作共评"作为其他评估方式的补充，强调学生评价必须有教师的专业指导，同时每次评估必须重点突出，抓主要矛盾，使评价成为复习、巩固、强化新学知识的机会，进而使学习发生质变和飞跃。有关"师生合作共评"的详细操作流程，可参阅文秋芳（2016）和孙曙光（2017）。

4. 实施POA应注意的问题

对外汉语教学不同于我国英语教学，如果要将POA应用到对外汉语教学中去，还有许多需要注意的问题。本节将聚焦以下三个问题：

第一，摆脱"方法已死"的偏见。

如果教师坚持后方法时代的"方法已死"理念，就会对POA本能地产生抵触情绪。笔者认为，只有摆脱这一偏见，才有可能对POA采取开放包容的态度，并尝试使用。

1991年，英国应用语言学家Allwright（1991）率先提出"方法已死"，随后，美国应用语言学家Brown（2002）也多次使用类似比喻。Kumaravadivelu（2006）甚至断言，在可预见的未来不会再有新方法出现，并将这一走向称为"后方法时代"。笔者认为提出"后方法时代"，虽能使人们对20世纪90年代以前的"方法热"进行反思性批判，但"只要教学原则，不要方法"的主张，"不符合人们社会实践的体验，也不符合教育理论的基本原理"（文秋芳，2017a）。从课程论角度讲，教学方法是教育成功的关键要素，正如传统课程论提出的那样，课堂教学包括四个基本成分：目标、内容、手段方法、评价（Tyler，1949）。

笔者认为，"教学有法、教无定法"更符合教育规律。作为中国学者，我们要解决我国外语教学或对外汉语教学中的现实问题，根据不同教学对象、不同教学内容，创新教学方法，在实践中不断完善。POA的发展目前还处在起步阶段，需要更多学者参与理论与实践的优化，使其成为二语教学的理论之一。

第二，区分外语和二语教学环境。

在我国，无论教授英语、法语，还是印地语，都属于缺少真实交际环境的外语教学，学生学习外语的主要途径是课堂，因此，提高课堂教学效率至关重要。对外汉语教学的学习环境主要分为两种：一是在中国教授留学生汉语，这属于二语环境；二是在国外教授外国人汉语，这属于外语环境。

来华学习汉语的留学生课外有丰富、鲜活的汉语输入，同时也有用汉语进行日常交际的需要。教授这些来华留学生"生存口头汉语"，学生动机强、课外交际机会多，"学用分离"问题一般不会出现。但对于中高级汉语水平的留学生来说，无论是学习口头汉语还是书面汉语，只要讨论议题（如历史、社会、国际等）超出日常生活范围，就容易出现输入与输出脱节。目前"课文中心"教学把大部分课堂时间花费在学习新字、新词、新句型和课文理解上，而未提供足够时间让学生将所学的接受性知识转换为产出性技能，导致所学不能与所用有效对接。换句话说，学生学完课文后，并不能有效使用所学完成具有交际价值的口头或笔头产出任务。从这个意义上说，POA能够解决这一难题，帮助中高级水平的来华留学生提高口笔头表达能力。

关于外国"本土"汉语教学能否使用POA，笔者认为，除了零起点的汉语学习者外，其他学习者均可尝试采用POA。他们学习汉语的环境与我国学习外语的环境相似，主要的不同是，汉语学习的难度恐怕要大于英语学习，特别是汉字的认读和书写。

总体来说，POA适合教授来华留学生学习超出"日常交际话题"的汉语口语和书面语，也适合教授初级水平以上的汉语学习者。需要强调的是，选择POA首先需要教师诊断教学中是否存在"输入与输出分离"问题。其次，即便存在这一问题，解决问题的方案也不止一种。这就好比治病，某种药适合治疗某种病，但治疗某种病的药可能有多种。至于选择哪种药则取决于多种因素。从这个意义上说，POA只是教学法的一种，它不是"唯一"的"解决方案"。

第三，恰当应对POA应用初期的困难。

从2017年6月开始，北京外国语大学朱勇老师带领的团队就POA在对外汉语教学中的应用开展系统研究。从研究实践来看，他们面临的最大困难有两个：缺乏现成的POA教学材料；学生对POA不适应（桂靖，季薇，2018；朱勇，白雪，2019）。针对第一个困难，笔者建议在现有教材中选择合适的主题或单元进行改编，再开展教学研究。一个研究周期可以是四课时或八课时。要熟练使用POA，不仅需要学习理论，更需要在实践中体验，不断反思，不断与理论对话，进行理论—实践—反思的多轮循环。一学期可以组织二至三次这样的小型研究。教材编写不要急于求成，可以在科研基础上逐步积累，这样编出的教材才可能具有科学性和可教性。

实施一种新教学法，学生不适应，教师也会有类似感觉。长期以来，师生习惯"课文中心"教学法，对生词的关注多于语言交际能力的培养。笔者建议在实施POA之前，一定要花时间"刷新"学生的学习理念，说明POA的优势。这种"刷新"活动一般难以一次成功。另外，POA可与传统方法交替使用，这样不仅可为学生提供逐步适应的机会，同时也使学生获得对比POA与传统方法的差别的机会，增加学生对POA的感性体验和理性认识。

根据中国国家汉语国际推广领导小组办公室官网数据，截至2017年12月31日，我国在全球146个国家（地区）建立了525所孔子学院和1 113个孔子课堂。同时，来华学习汉语的留学生人数还在逐年增加。目前，POA体系相对成熟、完整。如果我国有部分对外汉语教师能够与外语教师同时就POA开展实践研究，并进行对话交流，将会促进我国语言教学理论的发展，这对于提高国际汉语教学的效率，推动中国文化走出去，也许有着积极的作用。

参考文献

- 毕争. POA教学材料使用研究：评价产出目标的达成性[J]. 中国外语教育，2017, 10 (2): 40-46, 96-97.

- 蔡基刚. 中国大学英语教学路在何方[M]. 上海：上海交通大学出版社，2012.

- 常小玲. "产出导向法"的教材编写研究[J]. 现代外语，2017, 40 (3): 359-368, 438.

- 陈文凯. 基于"输出驱动假设"的英语专业写作教学改革研究[J]. 河南教育学院学报（哲学社会科学版），2010, 29 (3): 120-122.

- 褚宏启. 核心素养的国际视野与中国立场——21世纪中国的国民素质提升与教育目标转型[J]. 教育研究，2016, 37 (11): 8-18.

- 戴炜栋. 外语教学的"费时低效"现象——思考与对策[J]. 外语与外语教学，2001 (7): 1-32.

- 方芳，夏蓓洁. 能力本位、输出驱动与英语专业课程群建设[J]. 山东外语教学，2010, 31 (3): 3-8.

- 高学良. 学记研究[M]. 北京：人民教育出版社，2006.

- 桂靖，季薇. "产出导向法"在对外汉语教学中的应用：对教学材料的改编[J]. 世界汉语教学，2018, 32 (4): 546-554.

- 教育部. 全日制中学语文教学大纲（草案）[M]. 北京：人民教育出版社，1963.

- 教育部. 普通高中英语课程标准：2017版[M]. 北京：人民教育出版社，2018.

- 井升华. 我国大学英语教学费时低效的原因[J]. 外语教学与研究，1999 (1): 22-24.

- 李岚清. 改进外语教学方法，提高外语教学水平[J]. 人民教育，1996 (10): 5-12.

- 李泉. 文化内容呈现方式与呈现心态[J]. 世界汉语教学，2011, 25 (3): 388-399.

- 孙曙光. "师生合作评价"课堂反思性实践研究[J]. 现代外语，2017, 40 (3): 397-406, 439.

- 王策三. 论教师的主导作用和学生的主体地位[J]. 北京师范大学学报（社会科学版），1983 (6): 70-76.

- 王守仁，文秋芳. 新一代大学英语（iEnglish）：第一、二册[M]. 北京：外语教学与研究出版社，2015.

- 文秋芳. 输出驱动假设与英语专业技能课程改革[J]. 外语界，2008 (2): 2-9.

- 文秋芳. 输出驱动假设在大学英语教学中的应用：思考与建议[J]. 外语界，2013 (6): 14-22.

- 文秋芳. "输出驱动–输入促成假设"：构建大学外语课堂教学理论的尝试[J]. 中国外语教育，2014, 7 (2): 3-12, 98.

- 文秋芳. 构建"产出导向法"理论体系[J]. 外语教学与研究，2015, 47 (4): 547-558, 640.

- 文秋芳. "师生合作评价"："产出导向法"创设的新评价形式[J]. 外语界，2016 (5): 37-43.

- 文秋芳. "产出导向法"的中国特色[J]. 现代外语，2017a, 40 (3): 348-358, 438.

- 文秋芳. "产出导向法"教学材料使用与评价理论框架[J]. 中国外语教育，2017b, 10 (2): 17-23, 95-96.

- 文秋芳. 辩证研究法与二语教学研究[J]. 外语界，2017c (4): 2-11.

- 夏纪梅，孔宪辉. "难题教学法"与"任务教学法"的理论依据及其模式比较[J]. 外语界，1998 (4): 34-40.

- 许琳. 汉语国际推广的形势和任务[J]. 世界汉语教学，2007 (2): 106-110.

- 张丹丹. 为大学英语教学注入人文关怀和智力挑战[G]//教育部高等学校外语专业教学指导委员会等编. 第二届外教社杯全国大学英语教学大赛总决赛获奖教师教学风采. 上海：上海外语教育出版社，2012: 84-99.

- 张伶俐. "产出导向法"的教学有效性研究[J]. 现代外语，2017, 40 (3): 369-376, 438.

- 张文娟. "产出导向法"对大学英语写作影响的实验研究[J]. 现代外语，2017a, 40 (3): 377-385, 438-439.

- 张文娟. "产出导向法"应用于大学英语教学之行动研究[D]. 北京：北京外国语大学，2017b.

- 赵金铭. 汉语作为第二语言教学：理念与模式[J]. 世界汉语教学，2008 (1): 93-107, 3.

- 赵靖娜. 基于输出驱动假设的英语口语教学新模式[J]. 外语研究，2012 (10): 331-332, 334.

- 朱勇，白雪. "产出导向法"在对外汉语教学中的应用：产出目标达成性考察[J]. 世界汉语教学，2019, 33 (1): 95-103.

- ALLWRIGHT R L. The death of the method (Working paper # 10) [A]. The exploratory practice center, The University of Lancaster, England, 1991.

- BROWN H D. English language teaching in the "Post-Method" era: Towards better diagnosis, treatment, and assessment[M]//JACK R, WILLY R. Methodology in language teaching. Cambridge: Cambridge University Press, 2002: 9-18.

- CUMMING A. Design and directions for research [J]. Chinese journal of applied linguistics, 2017, 40 (4): 459-463.

- ELLIS R. The production-oriented approach: Moving forward [J]. Chinese journal of applied linguistics, 2017, 40 (4): 454-458.

- KRASHEN S. The input hypothesis: Issues and implications [M]. London: Longman, 1985.

- KUMARAVADIVELU B. Understanding language teaching: From

method to postmethod [M]. New York: Routledge, 2006.

- LONG M H. Native speaker/non-native speaker conversation and the negotiation of comprehensible input [J]. Applied linguistics, 1983, 4 (2): 126-141.

- MATSUDA P K. Some thoughts on the production-oriented approach [J]. Chinese journal of applied linguistics, 2017, 40 (4): 468-469.

- POLIO C. Reflections on the production-oriented approach vis-à-vis pre-service teachers [J]. Chinese journal of applied linguistics, 2017, 40 (4): 464-467.

- SWAIN M. Communicative competence: Some roles of comprehensible input and comprehensive output in its development [M]//GASS G, MADDEN C. Input in the second language acquisition. Rowley, MA: Newbury House, 1985: 235-253.

- TYLER R W. Basic principles of curriculum and instruction [M]. Chicago: The University of Chicago Press, 1949.

- WEN Q F. The production-oriented approach to teaching university students English in China [J]. Language teaching, 2016 (4): 1-15.

- WEN Q F. The production-oriented approach: A pedagogical innovation in university English teaching in China [M]//LILLIAN W, KEN H. Faces of English education: Students, teachers, and pedagogy. London: Routledge, 2017: 91-106.

第三部分

二语教师发展研究

导　言

　　本部分选取的两篇文章集中探究在职教师终身学习、持续发展的模式。这是我的新研究点。兴国必先兴教，兴教必先强师。教师是保证教育质量的根本。为此，进入21世纪后，我一直在思索，怎样才能找到一条适合中国本土外语教师发展的有效路径。国内外虽有大量文章讨论PLC建设的重要性和存在的困难，但在实践层面进行探索的数量有限，仅有的一些也主要集中在中小学领域，有关高校的极为鲜见。我在高校先后尝试了三种不同类型的教师专业学习共同体（professional learning community，简称PLC）建设：校本外语教师PLC，跨校外语教师PLC和跨院系多语种PLC[19]。在探究过程中，我深深体会到外语教师的发展需要PLC，校、院、系领导必须把建设PLC放在第一位。道理很简单，没有一批优秀教师，就很难培养出优秀人才。

　　第一篇文章《探究我国高校外语教师互动发展

---

19 跨院系多语种教师PLC仍在建设中，有关论文正在撰写。

导　言

137

的新模式》刊发在《现代外语》2011年第1期上，由我和博士后任庆梅教授共同完成，聚焦校本外语教师PLC建设。该文基于文献回顾与先导研究，提出了我国高校外语教师互动发展新模式。该模式包含人员、中介、机制、目标四大要素，主张以教师–研究者合作为平台，以课堂关键问题为抽象中介，以课堂录像、教师反思日记等为具体中介，通过情感互动与认知互动，实现团队成员共同成长。为检验新模式的可行性，我们开展了近一年的探索性研究。本文报告了新模式的构建、实施及成效，并对今后新模式的应用提出了建议。

第二篇《大学外语教师专业学习共同体建设的理论框架》刊发在《外语教学理论与实践》2017年第3期上。基于跨校外语教师专业学习共同体的建设实践，对校本外语教师PLC建设模式进行了修订，形成了更为简洁的理论框架。该框架由成员、目标、中介和机制四个要素组成一个三角形。其中，成员位于三角形中心，是PLC的主体；目标位于三角形顶端，决定整个共同体建设的方向，是专业学习共同体建设的起点，同时又是检验共同体建设成效的终点；中介和机制位于三角形下方的左右两端。中介是实现目标的载体；机制是载体能够完成目标的内驱力。目标、中介、机制必须通过共同体成员来发挥其作用，因此，这三要素都与成员形成互动关系，由双向箭头相连。实践证明，该理论框架适合中国国情，同时具有较强的概括性和广泛的应用性。

九　探究我国高校外语教师互动发展的新模式[20]

1. 引言

　　文秋芳和任庆梅（2010）通过对最近10年（1999—2009）相关期刊文献的梳理与分析，总结了我国高校外语教师发展研究在这一时期所取得的进步。该领域已经拥有一批较好的科研成果，并建设了一支初具规模的研究队伍。同时，指出了我国在该研究领域中存在的主要问题：（1）实证研究严重不足；（2）总体研究脱离课堂教学；（3）研究问题与一线教师需求脱节；（4）一线教师与研究者的关系不平等。为了探索解决这些问题的方法，笔者从2009年9月开始设立专项课题，尝试构建高校外语教师互动发展（interactive development）的新模式。本课题分为两个阶段（见图11）：第一阶段旨在构建高校外语教师互动发展的理论模式，具体包括：（1）评析"行动教育"理论；（2）开展先导研究；（3）依据前两项任务的结果构建互动发展模式，这三项任务之间的双向箭头表示它们之间存在互动关系。第二阶段力图通过探索性研究解决理论模式在操作层面上的问题，同时检验该模式的实践效果。互动发展模式的构建与探

20 原载《现代外语》2011年第1期，83—89页。原文作者为文秋芳、任庆梅。

索性研究之间的双向箭头也表示这两者之间存在互动关系。本文将依据图11的思路，分两个阶段报告本课题的研究内容与结果。

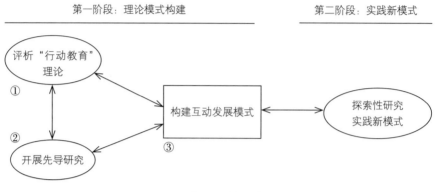

图11. 本课题的研究思路

2. 理论模型构建

在构建互动发展理论时，笔者一方面深入分析了"行动教育"理论，汲取了该理论的合理成分；另一方面通过先导研究，寻找高校外语教师发展的特点。整个理论构建的过程是一个循环往复、逐步升华的过程，是新思想在理论与实践两个层面上不断碰撞与磨合的过程。遗憾的是，这种复杂的非线性过程难以用文字再现。以下分三小节依次描述第一阶段的三项任务。

2.1 评析"行动教育"理论

"行动教育"由我国数学教育专家顾泠沅于2002年提出。该理论汲取了我国传统文化"知行合一"认识论的精髓，浓缩了顾泠沅教授多年来进行数学教学改革实验的经验，借鉴与批判了国外20世纪80年代提出的"反思实践者"理念，既具有中国特色，又得到国际学界的高度认可。加拿大安大略省教育研究院研究员、原中国香港教育学院院长Ruth Hayhoe指出，顾教授所做的研究是几千年的中国传统中最精髓的东西，即对行动智慧的认可。[21] 目前，这一理论已在国内中小学中得到普遍推广，成为教师专业发展的有效方式。

该理论主张保持同事之间的互助指导，同时注重纵向的理念引领（王洁，顾泠沅，2007：16），提出以课例为载体，以研究者与教师合作为平台，通过不断反思与行为跟进，优化课例，促进教师的专业成长。图12演示了该理论的三个要素：课例（实际教学案例）；合作平台（研究者与教师合作团队）；运作流程（原行为、新设计、新行为三个阶段及与每个行为阶段相联系的自我反思）。

认真评析该理论后，笔者发现其基本理念具有一定的普适性，可以作为高校外语教师发展的理论参考。例如：教师的学习需要认知支架、教师的发展既需要同伴的帮助又需要专业引领、教师的进步必须依赖反思与行为跟进的有机结合。

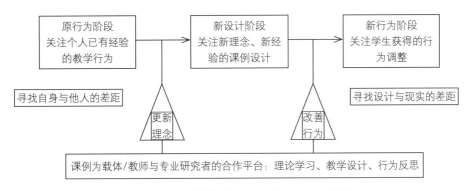

图12. "行动教育"的基本模式（参见王洁，顾泠沅，2007）

考虑到高等教育与基础阶段教育的差异性，笔者认为行动教育模式不能直接应用于高校教师发展，理由有三条。第一，课例不适合作为高校教师发展的中介。顾泠沅的理论认为，课例是教师发展的认知支架，如同医生拥有医案、律师拥有判例。中学教学内容相对固定，数学课的勾股定理、英语课的现在

---

21 参见《"行动教育"与中国认识论的血与脉》（《上海教育》2005年第7期）一文中，Ruth Hayhoe对顾泠沅教授报告的评论，根据录音整理。

时、被动语态等是课程中的"规定动作"。如果教师能够通过行动教育，不断优化这些案例的教学，显然对教师成长有帮助。然而大学课程的内容没有很强的规定性，教学内容灵活，教学任务多样化，教学方法也提倡多元化。以英语技能课为例，相对于中学而言，大学英语课程分得比较细，有听说、精读、写作等，很难列出每门课程的规定内容。况且，大学的班级设置和教师任课方式与中学不同，难以让同一节课的内容在多个班级重复实践，达到不断改进的目的。第二，该理论未涉及建立中小学教师与研究者共同体操作层面上的问题。其中一个原因可能是，科研院所的研究人员进入学校受到多数学校的欢迎，一般情况下只要校长同意参与，本校教师加入课题组就成了行政行为。此外，中小学教师与研究者之间层级关系明显，一线教师的理论水平与研究人员差距较大。同时，进入中小学教师课堂听课是教学管理的正常环节，不需要进行额外说服与动员。而大学英语教师一般拥有硕士或硕士以上学位，已经具有较高的理论水平与学习能力。研究者与一线教师两个不同群体的结合不能依靠行政命令，更常见的是自愿组合。由于以上原因，要在大学建设一个开放、互助的研究者–教师共同体必定会碰到更多的困难。第三，该理论虽强调教师与研究者都是行动教育的主体，并用文字详细描述了行动教育对两个群体专业成长的促进作用，但对两个群体各自的发展目标缺乏明确而具体的阐述，因此对合作成效难以进行评估。鉴于以上三个理由，笔者认为，高校外语教师发展的理论可以借鉴行动教育的一些基本理念，但尚需根据高校的实际情况构建新的理论模式。

2.2 开展先导研究

2009年9月，课题组在北京外国语大学开展了历时六个月的"基于课堂关键问题研究的教师–研究者合作发展共同体"的先导研究，其目的是探讨如何借鉴顾泠沅"行动教育"理论，构建适合高校外语教师职业发展的理论模式。由于先导研究与实践新模式阶段的内容存在重叠之处，本节仅简要描述先导研究的目标与任务（见表22）。

表 22. 先导研究的目标与任务

先导研究的目标	建立互信、互助、互惠的学习共同体		增加专业知识、扩大视野		确定抽象与具体中介	
先导研究的任务	坦诚交流，确定活动保密规则，划定两个群体各自的研究范围	制订计划	专题讲座	学术会议	听课+讨论	确定关键问题，决定研究方案

2.3 大学外语教师互动发展新模式[22]

在借鉴与批评"行动教育"模式的基础上，根据先导研究取得的成果，本研究初步确立了大学外语教师互动发展新模式的构成要素及其关系。从图13可以看出，该模式由四个要素构成：人员（研究者与一线教师）、中介（抽象与具体工具）、机制（合作团队成员之间的认知互动与情感互动）、目标（一线教师发展目标与研究人员发展目标）。四个要素相辅相成，人员队伍是根本，中介是抓手，机制是动力源，目标是努力的结果。四个要素缺一不可，共同构成一个包含运作主体、运作手段、运作动力、运作目标的动态系统。下面将分别描述各要素。

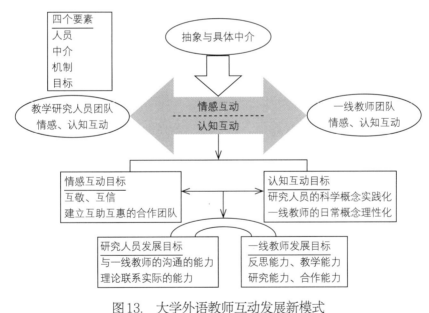

图13. 大学外语教师互动发展新模式

---

22 需要指出的是，本课题的运作系统随着课题研究的深入不断调整、完善，因此与课题研究过程及结果之间存在一个动态、持续的互动关系。

2.3.1 教师和研究者之间的平等合作

传统模式下，研究者仅在上层或外围，对教师的生存现状、发展需求和发展途径进行问卷调查或访谈，研究者与教师之间是研究与被研究的关系（文秋芳，任庆梅，2010）。新模式倡导研究者和一线教师都是合作发展的主体，研究者不是传统模式中的培训者或理论权威，教师也不是被指导者和被观察者，双方都是合作发展团队的参与者、合作者和创造者。研究者虽拥有扎实的理论知识和学术眼界，但缺乏一线教师所拥有的鲜活的实践经验，对课堂教学现实问题的掌握不及时。一线教师虽有与课堂教学密切联系的优势，但他们渴望得到专业指导，提升自己的教学理论水平，学习教学研究的方法，提高自己的研究能力。该模式主张，研究者与一线教师的平等合作可以充分发挥各自的特长，使各自的知识结构得到有效补充。

2.3.2 抽象与具体工具的中介作用

传统模式下，研究内容与一线教师需求往往脱节，研究主题与现实课堂常常脱离（文秋芳，任庆梅，2010）。新模式倡导以抽象与具体工具为中介，聚焦大学课堂教学中教师普遍关心的问题，使教学理论研究的内容符合一线教师的实际需求。与顾泠沅理论的课例不同，笔者选择以课堂关键问题为抽象中介，以课堂录像、教师反思日记等为具体中介。

关键问题需具备三个特点。一是普遍性。课堂教学中出现的问题不计其数，所谓关键问题应该不受教师、教学环境差异的限制，是一个跨课型的普遍性问题。二是可接受性。问题能够得到一线教师和研究者的共同认可。它既不是研究者对相关理论文献的归纳或延伸，也不是教师基于教学经验的简单陈述或质疑，而是起源于教师在现实教学中遇到的困惑和难题，再经过研究者与教师共同的筛选和凝练，使其既具有普遍性和综合性的理论维度，又包括特殊性和动态性的实践维度。三是共生性。对此类问题进行研究有助于教师与研究者的专业成长。例如：如何调动学生的学习积极性？如何建立良好的师生关系？如何确立课堂教学目标？如何克服职业倦怠？如何从事教学研究？

具体中介的种类比较多，如课堂录像、教师反思日记、学习材料、教师行动研究的论文初稿等。教师发展必须立足教学实践，通过观摩与分析课堂录像、与团队成员分享反思日记中的心得体会等方式，聚焦课堂关键问题，借助研究者提供的专业引领，形成一个对全体团队成员发展起支持作用的"中介空间"（mediation space）（Johnson，2009）。借助这个"中介空间"，教师不断探索科学概念与日常教学实践之间的差距，实现理念的持续更新和行为的日渐优化。而研究者正是透过这个过程将宏大的理论原则还原到鲜活的、个性化的教学实践中，了解自身研究领域中存在的实际问题，促使今后的研究更富有现实指导意义，避免了一味追求普遍真理的本质主义倾向。

2.3.3 情感互动与认知互动的关系及其目标

情感与认知互动是团队建设最重要的动力源，情感互动又是团队建设的基础。新模式倡导，研究者和教师首先通过情感互动，以平等合作的方式参与到以关键问题为中介的研究过程中，逐渐形成互信、互敬的情感氛围，培养开放、好学的职业态度，共同寻求解决实际教学问题的途径。但是，情感互动必须以抽象和具体工具为中介，因而，情感互动并非独立于认知互动，两种互动过程交织在一起，相互促进。在团队建立初期，情感互动为主要目标。

2.3.4 研究者–教师共同成长的目标

新模式倡导研究者与教师获得共同成长，实现双赢。在互敬、互信、互惠、互助的情感氛围下，借助抽象与具体中介，教师进一步提高合作能力和反思能力，结合教学研究与实践，学习、运用理论层面的科学概念，不断促进日常概念的更新和提升，实现日常概念的理性化，促使教学能力与科研能力都得到不同程度的提升。而且，新模式也培养了研究者与一线教师的人际沟通能力，为今后双方进一步合作奠定良好的基础。

3. 实践新模式

探索性研究分为两个时段。第一时段（2010.3—2010.8）拟定的目标是：一线教师通过行动研究提高教学能力，研究者通过行动研究改进与一线教师的沟通能力以及理论联系实际的能力。第二时段（2010.9—2011.2）拟定的目标是：一线教师继续开展行动研究，提高自主教学能力，同时尝试撰写教学研究论文；研究者继续提高理论联系实际的能力，同时摸索对一线教师论文写作进行指导的有效方式。

3.1 团队成员的组成

该团队包括4名专职研究人员（北京外国语大学中国外语教育研究中心专职研究人员、在站博士后、在读博士生）与自愿报名参加的5名大学英语教师（北京外国语大学专门用途学院教师）（见表23）。教学研究人员团队中有2人为博士生导师，均具有30年以上教龄，另外2人也具有6年至10年教学研究经验。一线教师团队包括1名具有30年教龄的老教师、1名具有一年教学经验的新教师、3名具有3年至5年教龄的年轻教师，他（她）们均获得硕士学位，专业为美国社会研究、翻译以及应用语言学等。从专业成长经历看，双方团队成员的组成都具有梯队化特点。

表 23. 团队成员简况

	年龄			职称			教龄			学位	
	30—40	40—50	50—60	教授	副教授	讲师	0—5	5—10	10以上	硕士	博士
研究团队	1	1	2	3	1	0	0	1	3	1	3
教师团队	4	0	1	1	0	4	1	3	1	5	0

3.2 确定课堂关键问题

课堂关键问题的确定过程如下：先由一线教师讲述他（她）们在目前课堂教学中遇到的困惑和难题，再经过课题组成员的讨论、协商、筛选，结合教师的实际需求选择教师认为目前最突出的问题，最终确定将"如何调动学生的学习积极性"这一具有普遍性和代表性的问题作为本次研究的关键问题。

3.3 活动的类型与方式

活动分四类：第一类是以务虚讨论为特点的了解和交流。合作团队成员通过大量沟通，逐渐消除认识上的不一致，甚至是误解，实现合作团队成员在情感上的交融与理解；第二类是专业知识学习，参与文献研读活动、专题讲座、研讨会、工作坊等，目的是拓宽研究视野，通过对专业学科动态的最新了解和同行之间的切磋，扩大自己的专业知识面；第三类是录像观看及讨论。合作团队成员通过听课、观摩，研讨等方式，学习与挖掘教师的实践智慧；第四类是提高教师研究能力的活动。合作团队成员借助课堂观察和讨论确定课堂关键问题，交流各自的反思日记，并阅读参考文献资料，确定研究方案，学习已经发表的相关教学论文，再结合不断掌握的理论和实践知识阅读、分析、改进课题组成员初步完成的研究论文初稿，在积累教学实践智慧的同时，不断提升提高撰写教学研究论文的能力。本研究遵循以情感互动为基础、以认知互动为重点的原则，循序渐进地展开，但每个时段的侧重点不同（见表24）。

表24. 活动内容

	总结与规划	提高教学能力	提高研究能力	
时段1	外出讨论	观看团队外的录像＋讨论 观看自己课堂录像＋讨论	交流反思日记＋商讨研究方案	阅读参考文献资料
	总结	提高教学能力	提高撰写教学研究论文的能力	
时段2	外出讨论	观看课堂录像＋讨论	阅读论文草稿＋讨论	学习与讨论已发表论文

以上这些活动内容主要通过三种方式进行：第一种是个人学习，如阅读文献、写反思日记、写教学研究论文；第二种是两周一次的课题组成员集体活动（周一晚上7:00—10:00），如观看教学录像、授课教师本人报告自己对教学的反思、集体讨论（如就课堂录像进行提问或者提出合理建议）、教学交流、商讨一线教师的行动研究方案；第三种是小组内部交流，如教学研究人员之间就相关困惑或问题开展非正式交谈、教师之间就教学问题开展非正式咨询等。

3.4 取得的初步成效

课题组对研究数据进行整理、分类和编码，将互动发展新模式取得的成效归纳如下：

（1）从合作团队整体互动角度看，开放的学习共同体已经形成。这主要表现为三个方面：一是教师自愿对自己的常态课堂进行录像后放给全体团队成员观摩，结合自我评价和集体评价，力求不断改善自身的教学实践；二是教师主动以教学反思日记的形式把自己参与合作团队以来的所感和所想真实地记录下来，与大家分享，并倾听研究者以及其他教师给予的反馈意见；三是教师乐于向大家倾诉教学中的困难与疑惑，积极吸收别人的意见和建议，逐步形成了善于倾听别人意见的开放式专业发展态度。

（2）从一线教师角度看，年轻教师的教学能力与教学研究能力都有了明显提高。在教学能力方面，年轻教师初步产生了对教学中出现的问题（诸如教材内容的处理、课堂口头报告活动的有效性、教师在课堂中的作用等）进行积极思考的意识，进一步培养了其发现、分析与解决教学问题的能力。在研究能力方面，互动发展新模式逐步唤醒了一线教师的科研意识，主要表现为两个方面：一是在研究者团队的大力支持下，教师团队积极参与课题申报，以教学经验丰富的教师为项目负责人，不同年龄和教龄的青年教师组成研究梯队，成功申请本校科研重点项目，研究内容为如何以行动研究促进教师发展，每人负责一项子课题；二是教师个人开始主动学习和借鉴相关理论，结合教学中发现的实际问题，记录反思日记，学习如何以科学的研究方法开展行动研究，尝试撰写教学研究论文。

（3）从教学研究人员角度看，研究人员增强了与一线教师的沟通能力。研究者以合作同伴的身份，利用自己在理论上的专业优势，有针对性地对教师的变化加以肯定、鼓励、引导，学会聆听教师的倾诉，适时用简洁易懂的理论进行阐释，避免含有大量专业术语的理论灌输，提高教师的理论意识，引导教师逐步成为主动的行动研究者和知识建构者。

（4）研究人员在实践中探索和积累了如何指导一线教师从事行动研究的经验，即反思—记录—分享—学习—提高。借助研究人员和教师同伴提供的认知支架，教师以反思日记和行动研究论文的形式记录自己的教学行为改进过程，并以小组汇报的方式与课题组成员分享，积极听取别人的建议，不断提高行动研究论文的质量。例如，教师在研究论文第一稿中侧重对经验体会的描述，通过参与课题组活动，更加明确了行动研究论文的规范和要求，主动增加了文献综述。同时，研究人员精选了两篇在国际权威外语类期刊上发表的行动研究论文，以集体阅读和研讨的方式，促使教师对行动研究以及行动研究论文的内涵产生了更加深入的认识和理解。

综上所述，本课题研究达到了预期的目标。研究者与一线教师形成以互敬、互信、互惠、平等、开放、好学为特点的情感互动氛围，以课堂关键问题为中介，通过课堂观察、访谈、学术研讨、视听资料分析等方式，将科学概念置于具有动态化和情景化特点的日常教学活动中，符合Smith（2005：211）所提倡的为教师发展"提供进行教学反思、改善教学行为和提高学生学习效果的'跳板'"理念。同时，也促进了研究人员科学概念的实践化。

4. 对新理论模式应用的建议

本文提出的高校外语教师互动发展新模式是一项探索性研究的成果，能否在更大范围内推行，如何改进与完善，还需要进一步的实践与研究。教育大计，教师为本，希望有更多人加入到教师队伍建设中来。基于一年半的实践，笔者体会到互动团队的建设需要注意以下几个问题：

（1）一线教师团队与教学研究人员团队人员要合理构成与搭配。双方团队中要有一名具备一定影响力的负责人，以确保团队的凝聚力。团队人员要多元化，因为无论是研究者还是一线教师，作为合作团队成员，都存在一个专业发展层级化、梯队化的问题。团队成员之间的合作不仅指研究者与教师之间的合作和发展，也指经验丰富的研究者与正在成长的研究者之间、经验丰富的教师与正在成长的教师之间存在的指导关系。这种具有情景化、梯队化的合作关系，更有助于引导团队成员对个人知识框架进行批判式反思，不断探寻和发现科学概念与日常实践之间的现实差距，促进团队成员的共同进步。

（2）课题组成立之初需要确立"游戏"规则。第一是"保密"规则，即涉及个人情况的信息绝对不允许外泄，比如，在进行课堂观察或课堂录像讨论时，不准背后议论别人上课的缺点、不准向领导汇报别人上课的不足等；第二是"双重目标"规则，即明确教师须同步提高教学与教学研究能力，研究者须同步提高沟通与理论联系实际的能力；第三是"主动参与"规则。只有自己主动参与，其他团队成员才有可能提供相应帮助；第四是"摒弃急功近利"规则，即明确告知参与者，其教学能力与研究能力的提高和发展不可能一蹴而就、立竿见影，需要一定的周期才能见到成效。

（3）新模式的实施进程不能操之过急，不能过于工具性。一是要有足够的预热时间，即情感互动的时间要充分，为认知活动奠定坚实的人际互信基础；二是要从专业知识学习开始，引导教师客观地认识教育教学理论、技巧特点及适用环境，不断实现日常概念的理性化；三是先分析团队以外人员的录像，既能够消除教师担心自己的录像被"评头论足""挑毛病"引发的焦虑感，有利于形成和谐的人际关系，又能够有效地促使教师对日常概念进行反思、批判和提升，将科学概念融入现实课堂具体问题的发现、分析和解决过程。

参考文献

- 王洁，顾泠沅. 行动教育——教师在职学习的范式革新 [M]. 上海：华东师范大学出版社，2007.

- 文秋芳，任庆梅. 大学英语教师专业发展研究的趋势、特点、问题与对策——对我国1999—2009期刊文献的分析 [J]. 中国外语，2010, 7 (4): 77-83.

- JOHNSON K E. Second language teacher education [M]. New York and London: Routledge, 2009.

- SMITH L C. The impact of action research on teacher collaboration and professional growth [M]// TEDICK D J. Second language teacher education international perspectives. Mahwah: Lawrence Erlbaum, 2005: 211.

十 大学外语教师专业学习共同体建设的理论框架[23]

1. 引言

建立学习共同体被广泛看作促进教师专业发展的重要手段和有效途径（Dooner et al.，2008；Tillema & van der Westhuizen，2006；Vescio et al.，2008；Whitcomb et al.，2009）。国外不少文献报告了有关教师专业学习共同体（professional learning communities，下文简称PLC）的研究。有的探究了PLC对教师知识构建和教学行为改进的成效（如Zellermayer & Tabak，2006），有的描述了合作学习方式给教师个体带来的困惑与挑战（如Meirink et al.，2007；Pemberton et al.，2007；Roblin & Margalef，2013；Westheimer，1999），有的侧重研究教师学习成效的分析单位和分析方法（如Hadar & Brody，2010；Opfer & Pedder，2011；Shulman & Shulman，2007）。这些文献关注的对象大部分是中小学教师，涉及高校教师的研究比较少见，比如，Green et al.（2013）运用叙事研究方法，访谈了15位基于大学学院建立的PLC的成员。这些成员一致反映，自从参加PLC后，教学更富创意、更有信心，但成员之间存在显著差异：老成员深感个人与PLC之间的互动使他们在教学中更易形成集体合力，而新成员还处在专业生存的奋斗期，对PLC的感受比较个性化，实用倾向明显。

---

23 原载《外语教学理论与实践》2017年第3期，1—9页。

与国外相比，国内权威期刊中有关教师PLC建设的文献要少得多。在现有文献中，有的介绍国外PLC的理论与实践或比较中外PLC的差异（如段晓明，2007；杨甲睿，张洁，2013；周俊，2010；郑鑫，张佳，2015），有的从理论层面阐述我国教师PLC构建的理念与原则（如郭书法等，2014；陈欣，2014；陈晓端，龙宝新，2012；孙元涛，2011；朱淑华，伍思静，2012），有的报告了教师PLC建设的实践及其效果（如郭燕，徐锦芬，2016；宋萑，2011；伍思静，陶桂凤，2011；王蔷，张虹，2012）。就所查文献中，至今尚未发现在实践基础上构建我国高校外语教师PLC理论的研究。

鉴于以上国内外理论构建方面的不足，本文将依据笔者对相关理论的学习及亲身组织和参与高校校本PLC和跨校PLC的两次实践，尝试构建我国高校外语教师PLC建设的理论框架。下文分为两部分：第一部分说明本文报告的理论框架的构建背景及其过程，第二部分阐述该理论框架的四要素。

2. 理论框架的构建背景及其过程

2.1 校本PLC和跨校PLC建设概况

本部分首先简要概述校本PLC和跨校PLC的建设情况，为本文报告的理论提供背景信息。下表列出了校本PLC和跨校PLC的建设概况（见表25）。校本PLC的建设始于2009年9月，结束于2011年7月。基于自愿原则，PLC成员由9人组成，其中5名大学英语教师来自本校专用英语学院，4名成员来自中国外语与教育研究中心（其中2位为富有教学经验的老教师，另外2位是具有8年至10年教学经验的博士后和在读博士生）。PLC成员每两周见面一次，学习和讨论约三小时，风雨无阻。经过两年的实践尝试，研究者与一线教师形成了互敬、互信、互惠、平等、开放的PLC文化。共同体以课堂关键问题为中介，通过课堂录像分析、行动研究选题研讨、论文草稿集体修改等多种活动，重点培养了教师的教学能力、教学研究能力、反思能力与合作能力。参与教师发表了多篇基于课堂教学的行动研究论文（见程熙旭，2011；程熙旭，2012；修晨，2011；叶如帆，2011；张东英，2011）。这些论文生动地记录了他们的专业成长历程。与此同时，研究者的人际沟通能力和理论联系实际的能力也获得了长足进步（文秋芳，任庆梅，2012）。

表25.　校本 PLC 和跨校 PLC 建设概况

PLC类型	人数	单位	活动时间	活动形式和内容	教学研究成果
校本PLC建设（北京外国语大学）	9	中国外语与教育研究中心（4名）专用英语学院（5名）	两周一次活动（2009.09—2011.07）	每人录制课堂教学录像 集体讨论个人课堂教学录像	教师发表五篇行动研究论文 研究者发表两篇论文
跨校PLC建设	55	中国外语与教育研究中心（2名）北京联合大学（12名）北京工业大学（8名）首都医科大学（8名）中国政法大学（10名）北京林业大学（7名）北京化工大学（8名）	每月一次校本PLC活动 每月一次跨校PLC活动（2011.03—2013.01）	每人提出行动研究计划 集体讨论个人行动研究计划 每人撰写行动研究论文 集体讨论每人的论文草稿 阅读有关行动研究文献 每人每月提交一次反思日志	每人完成一篇行动研究论文 发表18篇行动研究论文

2011年3月，笔者总结了校本教师PLC建设的经验和教训后，在北京市启动了跨校PLC的建设项目，除了2名成员来自中国外语与教育研究中心外，其余53名英语教师来自北京高校，他们均自愿报名参加。与上述校本PLC活动的模式稍有不同，跨校PLC每月活动两次（一次为校本活动，一次为多校集中活动），每次约三小时，活动内容和方式与校本PLC基本相同。经过近两年努力，终于在2013年1月按照预定计划圆满完成了任务。绝大部分教师开展了课堂教学的行动研究，并依据自己行动研究的过程撰写了论文。最终成果汇编在《高校英语教师跨校互动发展团队的行动研究》一书中（常小玲，李春梅，2015）。受篇幅所限，本书只收录了18篇行动研究论文和各高校相关负责人撰写的校本PLC建设总结。这本书充分反映了外语教师在跨校PLC中获得的知识、方法和智慧，体现了个人和集体共同成长的轨迹。

从校本PLC到跨校PLC的建设实践，笔者不断在理论层面上思考中国高校教师PLC建设的机制与路径，试图构建具有中国特色的PLC理论。下文首先概述理论构建的整个过程，然后依次报告笔者基于校本和跨校PLC建设实践构建的两个理论框架的内容及其特点。

2.2 PLC建设理论框架的构建过程

整个理论框架构建经过了两轮理论—实践互动。如图14所示，第一轮包含四项任务：（1）评析"行动教育"理论；（2）开展先导研究；（3）依据第一项、第二项任务的结果构建校本PLC建设的理论框架；（4）将校本PLC建设的理论框架在其后的PLC建设的实践中进行检验，解决操作层面上的问题（详细内容见文秋芳，任庆梅，2011）。第二轮也包括三项任务：（1）对校本PLC建设的理论框架进行局部调整（比如，将PLC的发展目标放在顶部，因为经过校本PLC建设，我们已形成了明确目标）；（2）采用微调过的理论框架指导跨校PLC建设实践；（3）在跨校PLC建设实践过程中，构建新理论框架。

图14中，各项任务之间都采用了双向箭头，表示它们之间存在互动关系，表明整个理论框架的构建都是理论与实践互动的结果。

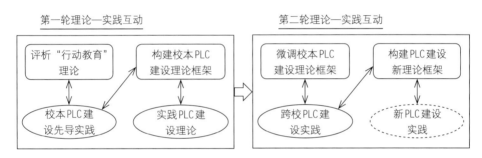

图14. PLC建设理论框架构建的过程

2.3 校本PLC建设的理论框架及其不足

校本PLC建设理论框架由四个基本要素和关系构成：人员（研究者与一线教师）、中介（抽象与具体工具）、机制（合作团队成员之间的认知互动与情感互动）、目标（一线教师发展目标与研究者发展目标）。四个要素有着相辅相成的关系，人员队伍是根本，中介是抓手，互动机制是动力源，目标是努力取得的结果。四个要素缺一不可，共同构成一个包含运作主体、运作手段、运作动力、运作目标的动态系统。

笔者认为，上述模式虽然很好地概括了我们2009年至2011年校本PLC的建设实践，但抽象程度偏低，不能应用到其他类型的教师PLC建设中去。从后期构建的跨校PLC来看，上述模型存在明显不足。第一，跨校PLC既有若干校本层面的共同体，也有跨校层面的共同体，就每个校本PLC来说，所有成员来自同一单位，其中并无其他单位的研究人员。第二，北京外国语大学校本PLC建设初期缺乏清晰的目标，当时采取了边探索、边理思路的做法，目标是在PLC建设的过程中逐步明确起来的。因此，理论框架图将目标置于框架的底部。此外，校本PLC的目标针对研究者和一线教师两个不同群体，本次跨校PLC建设只针对一线教师[24]。

2.4 基于跨校PLC实践构建的新理论框架

为了使构建的PLC建设理论具有更广泛的应用性，笔者对先前模式进行了修订（简称"新理论"）。新理论仍旧由成员、目标、中介和机制四个要素构成，但它们之间的关系发生了变化。成员是PLC建设的主体，位于三角形中心位置。目标决定了整个共同体建设的方向，同时又是检验共同体建设成效的标杆，位于三角形顶部。中介是实现目标的载体，机制是将载体用于完成目标的内驱力，它们分别位于三角形底部的左右两端。目标、中介、机制都必须通过共同体成员来发挥其作用，因此，成员与目标、中介、机制都用双向箭头连接，表示成员与其他三要素之间存在互动关系。

与之前的理论框架相比，新理论的变化具体体现在四个方面。第一，成员位于框架的中心地位，成员与其他三要素之间的箭头体现了它们之间的密切关系，由此强调人的主体性和主观能动性，同时有意回避了对成员类型的具体解释。在原框架中，PLC成员分成两个不同群体：研究者和一线教师。这样的区分容易引起误导，似乎研究者参与是PLC建设的必要条件。事实上，依据不同的发展目的、学校条件，PLC的构成可以多种多样，无须拘泥于一种方式。第二，对目标、中介、机制三者之间的关系进行了重新界定，使其形成了一个循环体。目标是共同体建设的起点，又是共同体建设的终点。为了显示其双重

---

24 需要强调的是，研究者仍要求自己与其他教师共同成长、共同发展，但它不是本次跨校研究的焦点。

作用，图15中的目标既有向下的箭头连着中介，又有从机制返回目标的箭头。这一变动旨在突出PLC建设既要以目标引领，同时又要根据实践效果对目标进行评估和调整。第三，在机制中增加了管理。原来只强调情感和认知的互动，未凸显检查监督的管理机制。事实上，互动只能解决实现目标的形式，缺少了检查监督管理，在人员众多的共同体中，少数人散漫、不认真的作风易形成蔓延趋势，影响整个共同体文化氛围。第四，对目标和机制的具体解释未列在本框架中，其主要原因是，PLC建设的目标应因时而变、因人而异。如果定得过于具体，就限制了该模式的应用范围。同样，PLC发展机制的目标也未列出，因为可能随着总体目标的不同，互动机制的目标也会有所变化。

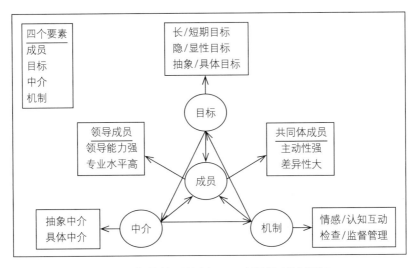

图15. 高校外语教师PLC建设的理论框架

3. 新框架的四个要素

笔者认为修订后的框架更为简洁，更易理解，更具概括性，也更能适用于不同性质的教师PLC建设。下面就上述四个要素逐一给予解释。

3.1 成员

成员是PLC主体和基本要素，也是其他三个要素能否发挥作用的前提和决定因素。这里的成员由两部分组成：领导人员与共同体成员。这两部分成员在地位上应该平等、互信、互学、互助，但在责任上不能均分。PLC领导人员起着关键作用，对PLC的发展承担主要责任。换句话说，PLC建设的关键在于领导成员的素质。领导最好是一个集体，由二至三人组成。如果PLC成员人数多，还可以成立核心小组，即PLC负责人加上核心成员。比如，北京跨校PLC就是由总负责人再加六校负责人组成的七人领导小组。每次六校活动结束时，七人小组都要开会商量下一步行动计划。

图15强调了领导人员的两个重要素质：（1）领导能力强；（2）专业水平高。需要强调的是，这两个重要素质没有绝对标准，只有相对标准。换句话说，这里的"强""弱"是和共同体其他成员相比，而不是以某个特定人物为参照系数。具体地说，领导能力指的是组织能力、协商能力、沟通能力和执行力。更为重要的是，他们要能采用恰当策略，使PLC所有成员认识到，这是一个互助共赢的集体，只有"我为人人，人人为我"的理念成为行动，每人才能有获得感，PLC才有持续发展的动力。所谓专业水平高指的是领导成员的业务水平得到其他PLC成员的认可。设想PLC的主要目标如果是教学能力，领导成员在教学上必须比其他成员技高一筹；如果是课堂教学研究能力，领导成员在教学研究上必须比其他成员具有更多经验。

除了图15列出的两个素质外，领导成员还需要有奉献精神。以本文报告的校本PLC和跨校PLC建设为例。每次活动，领导成员都需要事先备课，做好PPT，花时间观看课堂教学录像，准备相关活动以及补充材料，阅读要讨论的行动研究论文草稿，做好自己的修改方案等，而这些活动既无报酬，也无奖赏，只是为了探索高校教师发展的新模式。

共同体成员是PLC的主体。图15列出了成员应具有的两个标准：（1）主动性强；（2）差异性大。所谓"主动性强"指的是"我要参加PLC"，而不是"领导要我参加"。在共同体成立初期，我们很难评估某人的主动性强弱，只能采用"自愿"原则作为最低标准。作为自发组织的PLC，"自愿"原则特别重要，因为任何带有强制性的做法，都会给PLC活动带来负面影响。高校教师与中小学教师有很大差别。高校教师一般无"坐班制"，教学内容和方法通常无统一要求，同事听课、领导听课也不是常态。从某种意义上说，高校教师的工作有高度的"私密性"和"自由度"。只有教师自觉自愿，才有可能牺牲业余时间参与集体学习，才有可能自我约束、执行相互商定的规则，才有可能暴露自己的不足，满腔热情地向其他成员学习。自愿本身就表明了参与者具有自我发展、自我完善的原动力，这种原动力是后期参与者的积极性在PLC中继续得到加强的前提，也是参与者可能受到集体奋发向上气氛激励的基础。

所谓"差异性大"指的是成员构成在年龄、职称、教龄等方面同质性低，因为差异性是共同体产生出新价值、新成果、新认识的资源性条件（陈晓端，龙宝新，2012：110）。成员之间的差异可以体现在专业水平、认知能力、教学经验、生活体验、个性特征等不同方面。正是这种差异性，才使得共同体内可以产生一种相互吸引的可能性和相互学习的必要性。我们的实践经验还证明，年龄、职称、教龄上的自然差异还有利于避免不必要的竞争，因为同质性教师可比性强，升职评奖时，很可能成为竞争对手。不过，在跨校PLC中，这个问题不会出现。

3.2 目标

目标是PLC建设的方向，同时也是评估PLC建设成效的标尺。图16展示了合格的高校外语教师应具有的素质，包括师德风范、教学能力、研究能力、管理能力与教育技术能力（文秋芳，常小玲，2012）。教育技术能力属于辅助能力，它需要与其他几种能力结合在一起发挥作用，师德风范是各种能力的灵魂，图16用虚线表示，表明它内隐在各种能力之中。该结构图是我们制定PLC建设目标的宏观指导思想。换句话说，无论我们建设何种PLC，都是为了使每个教师成为合格的高校教师，图16涵盖的内容为我们制定每个PLC的具体建设目标提供了参考框架。

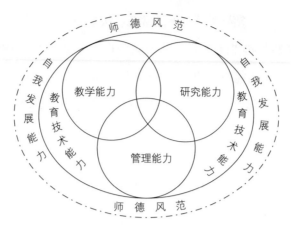

图16. 高校外语教师能力结构图

一般而言，一个共同体的周期为2—3年。制定目标时，需要对图16结构图中展示的素质有所选择，突出重点。目标要清晰、明确，可检查、可评估。目标应该分为隐性和显性两种。隐性目标指的是培养每个团队成员的自我发展能力（Bell & Gilbert, 1994）。也就是说，通过团队两三年的互相交流、互相帮助、互相激励，共同体成员超越自我的欲望得到激发，追求卓越的精神得到张扬，在极限边缘工作的潜力得到发挥。拥有了这样的自主发展能力，他们在专业发展的道路上，就能自觉前行。应该说，不论教师参加何种PLC，都应以这一目标为终结目标。显性目标指的是，PLC要实现的近期可见、可测的目标。例如，北京跨校PLC的建设目标是：提高教师的英语课堂教学能力，英语课堂教学研究能力、反思能力和合作能力。如果单提出这样的目标就比较抽象，难以测量。因此，我们把这些抽象目标细化为具体目标：每人要录制一节课供集体研讨，每人要提交一份课堂教学行动研究方案，每人每月要提交一份反思日志与其他成员交流，每人要撰写一篇达到发表水平的行动研究论文。北京外国语大学校本PLC和北京跨校PLC把焦点都放在英语课堂教学和课堂教学研究上。我们也可以选择以创建新课程或开展科研项目为抓手，为PLC建设设立不同的目标。PLC目标的差异性易于吸引处于职业不同发展阶段、具有不同需求的教师参加。

高校中PLC的建立一般要解决实践中遇到的问题。也就是说先出现问题，再有建设PLC的行动。如果PLC的负责人对问题非常清楚，目标在PLC成立之前就应该制定，本文涉及的跨校PLC建设就属于这一类。我们在吸纳PLC成员时，就把建设目标向自愿参加者陈述清楚，否则参加者后期积极性难以保持。当然，也有这种情况：目标的确定是在建设过程中逐步清晰起来的（北京外国语大学校本PLC建设就属于这一情况）。无论是哪一类，目标都需要得到全体成员的理解，并成为大家的共识。只有在达成共识的基础上，共同体建设才能取得预期成效。

3.3 中介

有了明确的PLC建设目标，还要有实现目标的中介。这里的"中介"就是我们常说的"抓手"或"载体"。中介分为抽象和具体两种（文秋芳，任庆梅，2011）。抽象中介指的是团队成员经过讨论、协商，提炼出的问题、议题或是研究焦点。本文涉及的校本团队和跨校团队建设中形成的抽象议题包括：（1）如何调动学生参与英语课堂活动的积极性？（2）如何提高学生英语口头报告的有效性？（3）课堂教学中对子活动的形式和内容该如何决定？（4）新课教学的预热环节该如何进行？这些问题要具有一定的普遍性和概括性。普遍性指的是，能够激发共同体全体成员的兴趣和热情；概括性指的是这些问题能够反映教学的一般规律。需要说明的是，不同的PLC建设目标需要确立相应的抽象中介。前面笔者已经说明了校本和跨校PLC的建设目标重点落在课堂教学与课堂教学研究上，因此所选议题都与课堂教学紧密相连。

具体中介指那些看得见、摸得着的物件。比如，课堂教学录像、教师的反思日志、学习材料、论文草稿等。抽象中介的使用需要与具体中介密切结合。比如，讨论口头报告教学有效性时，一旦有了口头报告教学录像，讨论就能够落到实处。大家可以结合实例说明口头报告教学有效性的具体表征，提出改进教学的建议。再如，运用反思日志，教师可以总结自己参加跨校团队活动的收获，列出自己未能解决的问题或困惑。有了书面材料，就可以与其他团队成员交流与分享。教师的专业学习需要情境化，空洞的理论和抽象的议题不能引起PLC成员的兴趣，对教师专业能力的提高也没有太大效果。

3.4 机制

机制有两种:(1)情感/认知互动;(2)检查/监督管理。简单地说,互动机制指的是PLC活动的基本形式;管理机制指的是PLC活动开展的制度保证。这里首先要强调互动必须在情感和认知两个层面上展开(文秋芳,任庆梅,2011;Avalos,2011:10)。情感互动的目的是在团队成员中建立安全感、平等感和满足感,为全体成员的认知互动交流营造一个互信、互助、互利、平等的和谐氛围。认知互动倡导社会构建主义的理念,通过分享、交流,讨论、争辩,集体构建外语教师的专业知识。互动包括口头与书面交流两种,互动的范围既有校内又有校外。情感互动是认知活动的必要条件和保障。认知互动是PLC的基本实践活动。情感互动的成效决定着认知互动的深度、广度和质量(陈晓瑞,龙宝新,2012:107)。

北京外国语大学校本PLC和北京跨校PLC建设实践一致表明,情感互动必须放在优先位置。情感障碍不消除,PLC建设无从谈起。从这个意义上说,情感交流是PLC建设起始阶段的第一要务(Whitcomb et al.,2009:8)。在情感互动中,首先要建立安全感。Hadar和Brody(2010)认为,目前的中小学和高校行政架构都不太利于教师开展合作学习。相比较而言,大学比中小学更为不利。大学教师上完课各奔东西,很少深度交流。由于缺乏沟通、交流,各自可以将"自我"很好地隐藏起来。一旦参加了PLC,个人就成了公众审视的对象,个人的弱点、盲区、错误易被暴露,"畏惧感"和"威胁感"会油然而生。因此首先要解决的难题是,如何让不熟悉的成员之间建立信任感。除了通过沟通交流,使大家认同"互信"的理念外,还要建立PLC的活动规则,让"互信"的理念能够落到实处。例如,我们在建设校本和跨校PLC时向所有成员提出"三不"规则:(1)不在背后议论PLC成员的不足;(2)不向领导汇报别人的缺点;(3)不将PLC活动中出现的问题作为评价某人能否晋级升职的依据。这些规则的执行为全体成员构建安全的交流环境奠定了基础。

除了建立安全感以外,我们还需要营造平等互助的氛围。共同体成员虽然教龄长短不等,职称高低不同,年龄大小不一,但在群体当中不能由于教龄、职称和年龄上的差异而形成不平等关系。所谓"平等",指的是彼此之间的一种尊重。当遇到不同意见时，要给别人充分表达的机会。当评价别人教学或科研的不足时，要表现出宽容和理解，要从建设性角度提出改进建议。例如，PLC集体通过课堂录像讨论某个成员的教学时，我们要求所有成员在指出不足时，使用句型："假如我是你，我会……"。这样的表达方式既不会伤害被提意见的人，同时又为大家增加了一种备选的教学方案。

有了安全、平等的互动交流环境，我们还需要让PLC成员有获得感。换句话说，就是要让共同体成员们觉得每次参加活动"不虚此行"，有所收获。这就需要PLC负责人精心设计每次活动的内容和步骤。好比上课一样，备好课，并事先让各位成员有所准备。我们的校本PLC和跨校PLC的活动时间固定，活动内容事先告知。如果讨论某人的课堂教学录像，PLC负责人一定事先观看，列出讨论题，做好评论准备。如果是讨论某人的行动研究论文草稿，我们会把论文草稿事先通过邮箱发给所有人员，PLC负责人事先仔细阅读，列出自己的修改建议。

需要强调的是，情感障碍的消除不可能一蹴而就。PLC负责人要将每个成员看作独立的生命个体，随时关注他们的情绪反应，发现问题及时解决。有时需要事先建立合理规则，预防不和谐事件的发生，有时需要通过轻松愉快的户外或者校外活动加深成员之间的了解。我们以往的实践证明，事先制定必要的规则和非正式的交流活动有助于形成积极的情感互动。

认知互动是PLC专业发展的重要途径，其形式包括开放式讨论、批判性对话、集体性反思等。涵盖的内容围绕目标展开。北京外国语大学校本PLC和跨校PLC认知互动的内容主要分为三大类：课堂教学、课堂教学行动研究设计、行动研究论文的撰写。Vescio，Ross和Adams（2008）认为，PLC存在的基本理念之一就是：专业知识内嵌在教师日常经验中，只有通过与拥有类似经验的教师共同进行批判性反思，才能得到最完美的理解。Hardar和Brody（2010：1642）也强调教师个人的专业发展源于由互动而产生的深度学习。

检查/监督管理机制是为了确保PLC活动的正常运行，对规模大的PLC显得尤为重要。在构建校本PLC建设理论时，这个机制并未列在其中，原因是当时总人数不超过10人，谁缺席、谁迟到、谁未按时提交反思日志一目了然。

而到跨校 PLC 建设时，总人数超过 50 人，作为领导成员，很难分清楚谁缺席、谁迟到、谁未提交反思日志等。如果无制度、无监督，整个 PLC 活动就会很松散，有人"三天打鱼、两天晒网"，负面表现如得不到及时遏制，就会蔓延。鉴于此，跨校 PLC 制定了一些制度，如每次跨校 PLC 活动实行签到制度，每月各高校要提交月活动简报，每月成员个人要提交一份反思日志，同时，各校月活动简报和反思日志在六校之间进行书面交流。每月跨校 PLC 活动开始时，跨校 PLC 负责人首先会总结上个月的活动情况，及时表扬表现突出的校本 PLC 活动和高质量的反思日志，活动结束时，还要召开领导小组会议，及时商讨相关问题的应对办法。

4. 结语

笔者基于北京外国语大学校本 PLC 建设实践构建了理论框架，基于北京跨校 PLC 建设实践将原有框架调整为新框架，旨在提高其概括性和应用的广泛性。目前，北京外国语大学许国璋语言高等研究院正在从理论语言学、应用语用学和翻译学三个方向建设 PLC。这三个方向侧重提高教师的学术研究能力，刚好与笔者之前组织的 PLC 有着不同的目标，可以进一步检验与修正 PLC 新理论框架。教育大计，教师为本。国内外经验已证明，建设 PLC 是促进教师专业发展的最佳途径。笔者期待有更多学者参与 PLC 建设的实践探索与理论研究，使我国 PLC 建设的理论不断推陈出新。

参考文献

- 常小玲，李春梅.高校英语教师跨校互动发展团队的行动研究 [M].北京：外语教学与研究出版社，2015.
- 陈晓端，龙宝新.教师专业学习共同体的实践基模及其本土化培育 [J].课程·教材·教法，2012,32(1)：106-114.
- 陈欣.专业学习共同体视角下大学教学发展中心的建设 [J].宁夏社会科学，2014(5)：150-153.
- 程熙旭.打破大学英语课堂中的沉默——提高课堂互动的行动研究 [J].中国外语教育，2011,4(1)：25-30,67.
- 程熙旭.从理解性词汇到表达性词汇——提高大学生英语词汇运用能力的行动研究 [J].中国外语教育，2012,5(3)：21-26,67-68.
- 段晓明.学校变革视域下的专业学习共同体 [J].比较教育研究，2007(3)：74-77.
- 郭书法，夏娟，张海燕.高校教师专业发展的有效路径：专业学习共同体 [J].宁夏社会科学，2014(1)：157-160.
- 郭燕，徐锦芬.专业学习共同体对外语教师教学能力发展的影响研究 [J].解放军外国语学院学报，2016,39(1)：104-112.
- 宋萑.课程改革、教师赋权增能与教师专业学习共同体——上海市四所小学的个案研究 [J].教育学报，2011,7(3)：63-74.
- 孙元涛.教师专业学习共同体：理念、原则与策略 [J].教育发展研究，2011,33(22)：52-57.
- 王蔷，张虹.高校与中学英语教师合作行动研究的实践探索——在行动中研究在研究中发展 [M].上海：上海教育出版社，2012.
- 文秋芳，常小玲.为高校外语教师举办大型强化专题研修班的理论与实践 [J].外语与外语教学，2012(1)：1-5,10.
- 文秋芳，任庆梅.探究我国高校外语教师互动发展的新模式 [J].现代外语，2011,34(1)：83-90,110.
- 文秋芳，任庆梅.互动发展模式下外语教学研究者的专业成长 [J].外语界，2012(4)：16-22,29.
- 伍思静，陶桂凤.基于知识地图构建大学外语教师专业学习共同体 [J].中国电化教育，2011(5)：23-26.
- 修晨.新手教师关于认识课堂教学目标的行动研究 [J].中国外语教育，2011,4(1)：3-35,67.
- 杨甲睿，张洁.U-S协作型专业学习共同体——国外教师专业化发展的新路径 [J].高教探索，2013(2)：134-139.
- 叶如帆.从追求新奇到回归基础训练——对大学英语精读课堂教学的行动研究 [J].中国外语教育，2011,4(1)：36-40,67.
- 张东英.关于口头报告教学的行动研究 [J].中国外语教育，2011,4(1)：41-51,67-68.
- 郑鑫，张佳.中西方教师专业学习共同体的差异：跨文化比较的视角 [J].外国教育研究，2015,42(8)：83-94.

- 周俊. 障碍与超越：美国学校专业学习共同体研究 [J]. 中国教育学刊，2010 (7): 81-84.

- 朱淑华，伍思静. 论大学外语教师专业学习共同体的构建 [J]. 东北师大学报，2012 (3): 134-137.

- AVALOS B. Teacher professional development in teaching and teacher education over ten years [J]. Teaching and teacher education, 2011, 27 (1): 10-20.

- BELL B, GILBERT J. Teacher development as professional, personal, and social development [J]. Teaching and teacher education, 1994, 10 (5): 483-497.

- DOONER A, MANDZUK D, CLIFTON R A. Stages of collaboration and the realities of professional learning communities [J]. Teacher and teaching education, 2008, 24 (3): 564-574.

- GREEN W, HIBBINS R, HOUGHTON L, RUUTZ A. Reviving praxis: Stories of continual professional learning and practice architectures in a faculty-based teaching community of practice [J]. Oxford review of education, 2013, 39 (2): 247-266.

- HADAR L L, BRODY D L. From isolation to symphonic harmony: Building a professional development community among teacher educators [J]. Teaching and teacher education, 2010, 26 (8): 1641-1651.

- MEIRINK J A, MEIJER P C, VERLOOP N. A closer look at teachers' individual learning in collaborative settings [J]. Teacher and teaching: Theory and practice, 2007, 13 (2): 145-164.

- OPFER V D, PEDDER D. Conceptualizing teacher professional learning [J]. Review of educational research, 2011, 81: 376-401.

- PEMBERTON J, MAVIN S, STALKER B. Scratching beneath the surface of communities of (mal) practice [J]. Learning organization, 2007, 14 (1): 62-73.

- ROBLIN N P, MARGALEF L. Learning from dilemmas: Teacher professional development through collaborative action and reflection [J]. Teacher and teaching: Theory and practice, 2013, 19 (1): 18-32.

- SHULMAN L S, SHULMAN J H. How and what teachers learn: A shifting perspective [J]. Journal of curriculum studies, 2007, 36 (2): 257-271.

- TILLEMA H, VAN DER WESTHUIZEN G J. Knowledge construction in collaborative enquiry among teachers [J]. Teachers and teaching: Theory and practice, 2006, 12 (1): 51-67.

- VESCIO V, ROSS D, ADAMS A. A review of research on the impact of professional learning communities on teaching practice and student learning [J]. Teaching and teacher education, 2008, 24 (1): 80-91.

- WESTHEIMER J. Communities and consequences: An inquiry into ideology and practice in teachers' professional work [J]. Educational administration quarterly, 1999, 35 (1): 71-105.

- WHITCOMB J, BORKO H, LISTON D. Grow talent: Promising

professional development models and practices [M]. Journal of teacher education, 2009, 60 (3): 207-14.

- ZELLERMAYER M, TABAK E. Knowledge construction in a teachers' community of enquiry: A possible road map [J]. Teachers and teaching: Theory and practice, 2006, 12 (1): 33-49.

第四部分

国家语言能力研究

导　言

　　本部分选取了两篇文章，反映我跨入新领域（国家语言能力研究）的最新成果。国家语言能力是国家的软实力，也是硬实力，关乎国家的政治、国土、军事、经济、文化、社会、科技、信息、生态和资源等多个领域的安全。国家语言能力这一概念最先由美国学者Brecht和Walton在"冷战"结束后提出，随后出现过相关文章，但缺乏理论性和系统性。目前在世界范围内，国家语言能力仍旧是一个新研究领域。我国在该领域的研究虽只有近10年的历史，但已积累了一批初创成果，走在世界前列。这两篇论文位列其中。

　　第一篇《国家语言能力的内涵及其评价指标》刊发在云南师范大学学报（哲学社会科学版）2016年第2期上。本文在回顾前期研究的基础上，将国家语言能力定义为"政府处理在海内外发生的涉及国家战略利益事务所需的语言能力"，并将这一能力分为五个分项能力：管理能力、掌控能力、创造能力、开发能力和拓展能力。每个分项能力对应两个或四个指标对其进行评价。评价管理能力的有组织力、规划力、执行力和应急力；评价掌控能力的有通晓力和支配力；评价创造能力的有实践力和科学力；评价开发能力的有信息挖掘力和机器翻译力；评价拓展能力的有影响力和传播力。截至2019年8月8日，该文在中国知网被下载1 993次，引文数为29次。

第二篇《对"国家语言能力"的再解读——兼述中国国家语言能力70年的建设与发展》刊发在新疆师范大学学报（哲学社会科学版）2019年第5期上。该文报告了"'国家语言能力'内涵及提升方略研究"项目的阶段性成果。文章重新定义了国家语言能力，并将国家语言能力分为治理能力、核心能力和战略能力。这三种能力形成一个相对稳定的三角形：治理能力处于顶端，具有全局性和统领性特点；核心能力具有基础性和先导性特点；战略能力具有前瞻性和长远性特点。核心能力是战略能力的发展前提，战略能力能够促进核心能力建设。核心能力和战略能力由治理能力统领，同时反作用于治理能力，因此这三者间具有互动关系。每种能力可围绕三至四个维度建设和发展，同时可以运用三组不同指标进行评价。其后，以每种能力中的一个维度为例，运用相应评价指标讨论中华人民共和国成立70年来国家语言能力建设取得的成就和面临的挑战，并对未来研究"国家语言能力"提出建议。截至2019年8月8日，该文在中国知网被下载215次。

十一　国家语言能力的内涵及其评价指标[25]

1. 引言

随着中国成为世界第二大经济体，我国已经从"引进来"转向"走出去"（沈骑，2015），从"本土型国家"转向"国际型国家"（李宇明，2010）。我国在政治、经济、军事等方面的利益不断拓展，承担的大国责任也在不断扩大。语言人才应该是国家利益的开路先锋，国家利益到哪里，语言人才就应当先行到哪里（李宇明，2010）。语言能力是国家软实力的组成部分，也是硬实力的构成要素（赵世举，2015b）。信息战，情报战，心理战，归根结底是语言战；外交谈判，经济竞争，文化交流，无一不需要语言。与发达国家相比（特别是美国），我国在语言管理与语言规划上存在明显差距（文秋芳等，2011）。在这一背景下，李宇明率先在国内提出"国家语言能力"这一概念，呼吁各级领导加强对国家语言能力的建设。由于这是个新概念，至今仅有三位学者对这一议题进行过专门讨论（李宇明，2011；魏晖，2015；赵世举，2015a）。他们对国家语言能力给出各自的定义，对其外延进行了不同的阐述。尽管如此，他

25 原载《云南师范大学学报（哲学社会科学版）》2016年第2期，23—31页。本文为2012年度国家社会科学基金重大招标项目"国家外语人才资源动态数据库建设"（编号：12&ZD176）的阶段性成果。

们都认为此概念仍处于理性化的初级阶段，需要更多学者深入研究。鉴于此，本文在前修时贤的基础上，重新阐释国家语言能力的内涵及其评价指标，期待在理论层面上引发更深入的讨论。

2. 文献回顾

2.1 国外观点评析

20世纪90年代"冷战"结束后，美国成了世界上唯一的超级大国。美国学界和政界的有识之士提出，美国要保持世界领袖地位，除了强大的政治、经济和军事力量外，还需要语言实力。美国非通用语人才量少、质低，是阻碍国家发展的短板。1991年，美国国会通过了David Boren提出的《国家安全教育法》（National Security Education Act）。随后美国国防部协同美国国务院、中央情报局、教育部等单位联手建立了国家安全教育项目办公室，负责落实国家安全教育项目（National Security and Education Program），其主要任务包括：（1）向政府关键部门输送精通关键语言、擅长跨文化交际、有专业技能的高质量人才；（2）支持美国高校开设关键语言课程；（3）满足国家对语言技能的应急需要；（4）为部队培养21世纪所需的、具有跨文化交际能力和领导才华的军事领导人（NSEP，2012）。

在这一背景下，美国马里兰大学国家外语中心学者Brecht和Walton率先提出了"国家语言能力"（national language capacity）这一概念（Brecht & Walton，1993）。他们将其定义为"国家应对特定语言需求的能力"，并特别强调这种能力应该能够满足国内外常规和不断变化的需求。随后Brecht和Rivers运用经济学理论对其作了进一步解释（见图17）。

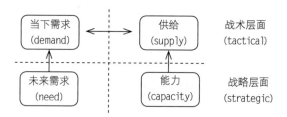

图17. 战术与战略层面上对语言人才的需求（参考Brecht & Rivers，1999）

他们提出的框架包含战术和战略两个层面。战术层面上有两个变量。一个是当下需求，指的是对某种语言人才的现实需要；另一个是供给，指的是市场能够提供的语言人才。战略层面有两个变量。一个是未来需求，指的是将来对某种语言人才的需要；另一个是能力，意指为完成未来任务提供语言人才的能力。他们进一步指出，战术层面上的供需模式存在严重问题，因为市场有着很强的不确定性，当下需求不一定是未来的需求。政府不仅要分析当下的需求，更需要分析与预测国家未来的需求。必须承认，无论怎么科学地预测未来需求，这种预测都很难准确无误。因此国家需要拥有相应的能力来应对这些不确定的需求。这就是建设国家语言能力的意义所在。

诚然，中国和美国不同，美国要做全球领袖、世界警察，而中国希望多边合作、互助共赢，建立生命共同体。中美对国家语言能力提出的具体任务不尽相同。然而，美国学者对国家语言能力的战略思维，强调政府在提升国家语言能力中的关键作用及为发展国家语言能力所采取的措施，对我国提升国家语言能力具有积极的借鉴作用。

2.2 国内观点评析

李宇明、赵世举和魏晖三位学者都讨论了"国家语言能力"的内涵与外延。李宇明（2011：1）认为，国家语言能力是"国家处理海内外各种事务所需要的语言能力，其中也包括国家发展所需要的语言能力"。在这个定义中，他界定了行使国家语言能力的主体是政府，行使语言能力的疆域覆盖国内外，行使语言能力的时间跨越现在和未来，同时他的定义表明，国家语言能力是语言能力的一种。他提出国家语言能力包括五个方面：（1）语种能力；（2）国家主要语言的国内外地位；（3）公民语言能力；（4）拥有现代语言技术的能力；（5）国家语言生活管理水平。

赵世举（2015a：105）指出："国家语言能力是指一个国家掌握利用语言资源、提供语言服务、处理语言问题、发展语言及相关事业等方面能力的总和。"赵世举也赞成行使国家语言能力的主体是国家而不是个人，但不同的是，他明确主张国家语言能力包括与语言相关的一切事务。据此，他将国家语言能力分为七项子能力：（1）语言资源拥有能力；（2）语言使用及服务能力；（3）语言资源开发利用能力；（4）国民语言能力；（5）语言人才储备能力；（6）语言管理及语言事业发展能力；（7）语言影响力。

魏晖（2015：37-38）从管理资源学的视角，将国家语言能力定义为"国家分配和管理国家语言资源的效率，是一种突出内部要素禀赋的内生性能力，是建设文化强国的基础"。魏晖定义的独特性在于，他强调了国家对语言资源配置和管理的效率是衡量国家语言能力的关键。为了衡量国家语言能力，他提出四个一级指标：（1）开放力；（2）生命力；（3）开发力；（4）管理力。七个二级指标：（1）国家通用语言文字的普及程度及水平；（2）国民掌握语种的数量及水平；（3）各语种人才的数量、水平和结构分布；（4）语言资源库的可开发性及开发效率；（5）语言学习资源的可利用性及利用效率；（6）语言信息处理能力；（7）管理社会语言生活的能力。他提出的这七个二级指标与其他两位学者提出的国家语言能力构成元素意义相同。

总体上看，几位学者的看法虽有重叠和差异，但在一定程度上互相补充，加深了我们对国家语言能力的认识。笔者基本赞同他们的观点，但最大存疑是，国家语言能力是否要包括公民（国民）语言能力，国家通用语言文字的普及，网上语言学习资源的开发等。这里需要解决一个根本问题：国家语言能力关注的是国家的一般利益，还是国家的战略利益，聚焦的是政府层面的关切，还是国民个人自身的发展。

就国家语言能力构成元素数量而言，李宇明提出五元素，赵世举和魏晖各提出七元素。笔者认为，五元素构成更恰当。一方面，五元素能满足概括性的基本要求，同时也能降低对短时记忆的挑战。事实上，以李宇明提出五元素为基准，赵世举和魏晖的七元素都可纳入其中，除了魏晖未提及"语言影响力"以外。

从命名上看，赵世举的优势明显。他的各元素都采用了"××××能力"的统一提法，具有同一属性。其不足之处是，七元素的执行主体不一致，有的是政府，如"语言资源拥有能力""语言资源开发利用能力"等；有的主体不清楚，如"语言影响力"和"国民语言能力"。此外，各元素命名所用的短语结构不相同，大部分是动宾结构，如"拥有"（动词）+"能力"（名词），但有的是名词＋名词结构，如"国民语言"（名词）＋"能力"（名词）。

3. 国家语言能力的重新阐释

3.1 新定义

在借鉴国内外学者观点的基础上，笔者将国家语言能力定义为："政府处理在海内外发生的涉及国家战略利益事务所需的语言能力。"这个定义包括三部分：（1）行为主体是政府；（2）处置对象是涉及国家战略利益的语言事务；（3）语言事务发生的空间为海内外。由于定义中使用了"国家战略利益"一词，就不再需要说明其语言事务发生的时间跨度，因为凡属战略事务一定具有前瞻性和未来的不确定性。

那么，究竟什么是与国家战略利益有关的语言事务呢?

国家利益有不同层次，大到国家领土完整，小到一般的经济纠纷。战略利益是国家利益中的最高层次。它关系到国家当下的生存和安全，又关系到国家长远的发展和布局。我们还可以将其细分为政治、外交、军事、经济、科技、文化等领域中的战略利益。判断某个现象或事件是否涉及国家战略利益必须将其置于特定的情境之中来分析。例如，有些广州人至今普通话不过关，他们每天只能听广东话的电视和广播。李宇明（2011：3）认为："普通话对中国公民而言，已经不只是信息载体问题，还是人权问题，是社会公平问题。如果不能掌握普通话，将来就不能很好地参与国家事务的管理，没有办法进入很多行业工作，比如播音员、教师等职业。"笔者认为，广州人的普通话水平低会影响其自身接受信息的丰富度和降低就业的广度，但这不危及国家战略利益。但同是一个普通话问题，在新疆喀什、和田地区，普及普通话就应视为国家语言能力的范畴。

3.2 新构成

图18描述了笔者对国家语言能力构成思考的初步结果。这里笔者采用了李宇明五元素结构，又运用了赵世举统一以"××××能力"命名的方式，

将国家语言能力分为五个分项能力：（1）国家对涉及国家战略利益的语言事务的管理能力（简称管理能力）；（2）国家对语言人才资源的掌控能力（简称掌控能力）；（3）国家对语言人才资源的创造能力（简称创造能力）；（4）国家对语言处理技术的开发能力（简称开发能力）；（5）国家对中文国际影响的拓展能力（简称拓展能力）。笔者指出，这五个分项能力的行为主体都是国家，同时用（1）—（5）说明这五个分项能力之间的优先顺序。笔者还借鉴了魏晖管理学的视角，将管理能力置放于五个分项能力结构的中心位置，以说明管理能力的高低决定其他四个分项能力的强弱。笔者用双向箭头将管理能力与其他四个分项能力连起来，以说明管理能力与其他四个分项能力存在着互动关系。一方面，管理能力控制着其他能力的提高；另一方面，其他能力的发展需求又能对管理能力提出新要求与新挑战。从本质上说，国家语言能力的提升，关键在于政府的顶层设计和统筹协调，但不排斥市场和个人的积极性。即便政府起主导作用，市场和个人仍旧可以发挥促进作用。从发展优先顺序上说，首先要提高管理能力，这是关键和基础，接着要优先发展掌控能力，然后是创造能力开发能力，最后是拓展能力。需要强调的是，这里虽然用数字标出了五个分项能力的先后顺序，但这不表示它们的发展是一种线性关系，一个能力发展完善了，才能发展另一种能力。事实上，它们可以同步发展，互相影响，互相促进。双向实线箭头代表两两关系比较紧密，双向虚线箭头代表两两关系比较松散。

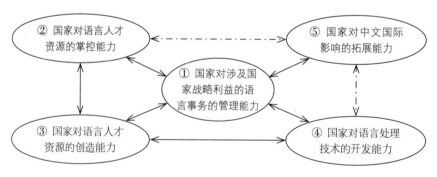

图18. 国家语言能力的构成及其关系

3.3 新评价指标

表26列出了国家语言能力五个分项能力的评价指标，除了管理能力有四个评价指标外，其他每个分项能力的评价指标都是两个（见表26）。

表26. 国家语言能力的构成元素及评价指标

	分项能力	评价指标	指标说明
1	管理能力	组织力	管理机构的布局及其任务的合理性
		规划力	对未来需求的预测以及制定应对方案的计划性
		执行力	落实规划的速度和效率
		应急力	处理海内外突发事件的能力
2	掌控能力	通晓力	对国家拥有语言资源的种类和质量的熟悉程度
		支配力	调用语言资源服务国家需求的速度和准确性
3	创造能力	实践力	落实国家短缺语言人才培养计划的能力
		科学力	培养语言人才的有效性
4	开发能力	信息挖掘力	挖掘公开情报的自动化程度与准确性
		机器翻译力	运用机器翻译语言的速度和质量
5	拓展能力	影响力	中文在国际交流中使用的广度和深度
		传播力	中文创造或推广新知识的能力

3.3.1 管理能力

衡量管理能力有四个指标。

（1）组织力指的是管理机构的布局及其任务的合理性。1954年12月，中国文字改革委员会成立，直属国务院领导，后更名为国家语言文字工作委员会（以下简称国家语委）。1994年，国家语委从由国务院直接领导改为教育部领导，降为副部级单位。与国家语委相对接的有各省、市政府的语言文字工作委员会。在一定意义上说，我国管理语言事务的机构系统比较完善，但有两个先天不足。第一，国家语言能力的建设涉及政府多个部门，而该机构隶属于教育部，缺乏跨国务院内部各机构的充分沟通机制。第二，目前国家语委规定所要完成的主要任务是：拟定国家语言文字工作的方针、政策；编制语言文字工作中长期规划；制定汉语和少数民族语言文字的规范和标准并组织协调监督检查；指导推广普通话工作。在这些任务中相当一部分不涉及国家战略利益。由此可见，就建设国家语言能力而言，组织力还不够强大。

（2）规划力指的是对未来需求预测以及制定应对方案的计划性。规划力强的计划应该具有战略性、系统性和可操作性三个特点（文秋芳，张天伟，2012）。这里制订计划的内容应该包括所有五个分项能力的提升。国家语委制定了《国家中长期语言文字事业改革和发展规划纲要（2012—2020年）》，2015年又制定了"十三五规划"。国家语委就此组织了多次研讨会，对其内容进行了反复修改。由于受机构职能范围限制，其规划内容不能覆盖国家语言能力发展的所有需求。另外我国在制定规划时，往往目标可测量性不强；任务细化程度偏低、落实任务的措施和时间节点不清楚，如此规划不易开展过程监控和绩效评估。

（3）执行力指的是管理机构落实规划的速度和效率。在理想化的前提下，国家语言能力的管理机构具有很强的组织力，制定的规划也符合国家语言能力发展的要求，这时才能衡量其实施规划的速度快慢和成效高低。而目前在我国缺少强有力的管理国家语言能力机构条件下，制定的规划又未针对国家语言能力发展，此时讨论"执行力"强弱就缺乏应有的前提条件。

（4）应急力指的是处理海内外突发事件的能力。这里有两种突发事件。一种是事件本身就涉及语言，如2010年广东"亚运会"期间出现的"撑粤语"事件；另一种事件本身不涉及语言，但处理事件时需要语言人才的帮助，如2010年青海玉树发生地震，各地派去的救援人员急需藏语及其方言的翻译。这两类事件都需要做出应急处置。前一类突发事件如果不能及时、稳妥处理，可能引发社会矛盾，或被别有用心的人利用，引发群体骚乱事件；后一类突发事件如果得不到快捷援助，救援工作的效率会受阻，直接影响人的生命安全。

3.3.2 掌控能力

衡量掌控能力有两个指标：通晓力和支配力。通晓力是支配力的基础和前提，指的是国家相关管理机构对国家拥有语言资源的种类和质量的熟悉程度。他们既要知晓我国拥有多少种语言人才资源，又要熟知他们各自的语言水平、是否具备其他专业才能、在何处工作等重要信息。掌控这些信息的最好方法是建设语言人才资源库。例如，美国军队目前拥有一个跨军种的语言备战指数系统。2010年，海地、智利、土耳其发生地震，此系统为国防部提供了部队外语资源状况分析，还列出了会说这些地震地区的语言的人员名单、语言水平及所在单位（文秋芳，苏静，2011）。我国政府已经在调动高校科研力量建设类似的语言人才库和语言志愿者库。目前仍处于研发阶段，距离真正运行还有相当的距离。支配力指的是调用语言资源服务国家需求的速度和准确性。拥有国家语言人才资源动态数据库，只表明政府具有了通晓力。他们能否在此基础上，迅速、准确地对国家相关需求做出判断，并调动合适的语言人才承担任务，这还需要决策者的精准判断和快速配置语言人才资源的支配能力。

3.3.3　创造能力

我国是一个多民族国家，初步认定使用的语言有130种，多数语言内部又有若干种方言，较为明确使用的跨境语言还有33种（赵世举，2015b）。但从服务国家战略利益来说，我国仍旧是个语言人才资源贫乏的国家，特别是非通用语人才。例如，"一带一路"沿线国家和地区的官方语言超过40种非通用语，我国2010—2013年高校外语专业招生的语种只覆盖了其中的20种（文秋芳，2014a）。从供需对接情况来看，缺口非常明显。面对需求缺口时，政府就需要有计划地创造相关资源。制定语言人才培养规划当属管理机构的任务。2015年，教育部已经颁发了有关非通用语人才培养工作的实施意见。

衡量创造能力有两个指标：实践力和科学力。实践力指的是落实国家短缺语言人才培养计划的能力。人才培养是个系统工程。一方面，它涉及众多高校的领导和教师；另一方面，它牵动着千家万户家长和学生的心。要有计划、有步骤地落实教育部文件上描绘的蓝图，并不容易。为了简政放权，2015年，教育部把增设本科专业的权力下放到省级政府。许多高校领导都有服务国家战略的强烈愿望。北京大学从2015年秋季学期正式启动了"一带一路"课程项目，目前已吸引了3 000余名学生参加（马燕，2015）。再如，北京外国语大学计划在2020年要开设100种外语，覆盖我国所有建交国家的语言（彭龙，2016），其他大学也纷纷采取措施，积极增设非通用语种专业（刘曙雄，2016）。然而国家需要的非通用语人才数量是有限度的，目前缺乏宏观控制，未充分考虑学生未来就业风险。

科学力指的是培养语言人才的有效性。学好一门外语至少需要2 000小时（约翰·康威，2010），同时这2 000小时的安排还需要一定的密度和强度（文秋芳，2008）。非通用语的本科教学都是零起点，要从字母教起。按照一个星期15节课时计算，一年总学时约为480。按照现有的课程体系，学习四年，总课时还不足2 000。这就意味着，四年全部投入，学习时间还不充分。如果四年中有一年到对象国学习，估计语言能够过关。为了吸引学生和家长，不少学校推出看似有竞争力的本科课程体系：非通用语+通用语、非通语+非语言专业等。显然，这些非通用语本科生要从零起点学习两门外语，除少数具有语言天赋的学生，成功率肯定不会高。同理，要学好一门非通用语，还要系统修学一门其他专业，受时间所限，顶多蜻蜓点水式地学点碎片知识。前期教学试验表明，采用本硕贯通模式培养多语或高端复合型外语人才，是一个行之有效的途径（文秋芳，王艳，2015）。

3.3.4 开发能力

衡量开发能力有两项指标：信息挖掘力和机器翻译力。信息挖掘力指的是挖掘公开情报的自动化程度与准确性。20世纪80年代我国解决了汉字在电脑上的输入和输出的问题，实现了中文信息技术的一大飞跃，但要取得汉语信息技术处理的突破，与英语相比，还有很大差距（赵世举，2015b）。在网络化时代，人们在虚拟世界活动时间大大超过了真实世界，微信、微博、网聊、电子邮件、网上购物、信息查询等多种活动，不仅留下了网络使用者的喜怒哀乐情感印记，而且记载了他们日常生活的行动轨迹和人际网络。网络传播信息的速度和广度超乎寻常，瞬间可能传遍全世界。若传播的是蛊惑人心的谣言、肆意煽动不满情绪的恶言恶语，就可能扰乱人心，酿成群体性事件，破坏社会稳定。运用文本分析、语音识别技术和信息自动提取技术，对这些网络上的公开信息进行分析，可以获得公开情报。与传统情报相比，这些公开情报更真实、可靠、及时、全面、系统，可用于国家安全、军事、经济等领域，还可以对社会潜在的危机进行动态分析，对可能出现的危机做出预案。

机器翻译力指的是运用机器翻译语言的速度和质量。机器翻译在跨语言的情报分析和信息提取中不可或缺。军事领域对机器翻译结果的可读性、准确性和速度有着更高的要求。美国进行机器翻译研究已经有了50年历史，经过持续多年的投入和研究，美国在这方面的发展快速（马晓雷等，2014）。根据

2000年马里兰大学的一份报告，他们开发的基于统计的机器翻译系统的准确率可以达到92％。2000年以来，美国国防部特别重视语音翻译技术。这是一项集语音识别、口语翻译和语音合成为一体的综合技术，其基础是建设语音数据库。机器翻译系统可以节省人力，提高工作效率。更为重要的是，在紧急情况下，可以保护军队战士的生命。当年在阿富汗作战的美国军队，在特殊情况下都佩戴了机器翻译器，以应对突发危险（文秋芳，2014b）。我国在机器翻译领域也取得了长足进步（杜金华等，2013）。例如，2012年6月在英国举办的23国语言同声翻译技术展示会上，中国科学院自动化研究所发布了自主研发的汉英互译软件，其中包括笔译和口译，可安装在安卓和iPhone手机平台上。机器口译软件性能改进的空间还很大：一方面，它缺少大型的双语口语平行语料库；另一方面，中文分词和中文口语特点对翻译质量提出了更大的挑战。

3.3.5 拓展能力

衡量拓展能力有两个指标：影响力和传播力。影响力指的是中文在国际交流中使用的广度和深度。主要表现大致包括：（1）中国参加的国际组织和由中国组织的国际会议中，中文是否作为工作语言；（2）有多少国家将中文纳入国民基础教育体系。文秋芳（2015）的研究结果表明，中文在联合国系统中的影响力明显不高，在联合国五个主要机关和15个重要的专门机构中，中文法定地位得到完全确认的只有40％。在获得法定地位的组织中，中文的法定权利并未得到充分行使。李希、杨洪娟（2013）的研究指出：2010年至2012年间在华召开的36次国际学术会议中，英语作为工作语言的会议占100％，汉语只占22.22％，英汉同传只占16.67％。根据中国国家汉语国际推广领导小组办公室《2014年孔子学院年度发展报告》，我国在过去的10年中，汉语国际教育跨越式发展，取得了令人瞩目的成绩。但究竟有多少国家将中文列为中小学外语课程，有多少国家将中文列为大学的本科专业？这些数据应该更能体现中文的国际影响力。

传播力指的是中文创造或推广新知识的能力。目前，各高校都鼓励将最新的科研成果用英文在国外发表。在目前的评价体系中，凡是发表在SCI或SSCI来源期刊上的论文，其"科研分值"都远远高于国内的顶级中文期刊。中国科学院院士汪品先（2015）在《文汇报》上就这一问题大声疾呼："中国科学界的英语化应当走到多远？在科学创新里还有没有汉语的地位？"英语作为全球通用语的趋势浩浩荡荡，看似无人能够阻挡。然而，从历史上看，世界通用语也不是一成不变。拉丁文曾经是罗马帝国的通用语；法文在第二次世界大战前曾是世界的"通用语"；汉字在清朝早期之前曾是东亚文化圈的通用语，而英文作为通用语只是"二战"后才逐步形成的。语言的兴衰表明国家的强弱，同时语言兴旺也会促进国家的发展。随着我国经济和科技实力的提升，中文创造新知识的能力也应该不断发展。从这个意义上来说，我们应该为中文创造和推广新知识提供良好的社会环境和激励政策。例如，我们可以鼓励中国学者用英文和中文同时发表最新的科研成果。从社会科学研究来说，英文论文的正式发表至少需要二至三年时间，而用中文发表一般花一至两年时间。利用这个时间差就为中文创造新知识提供了一个空间。这样做，既可以避免我国最新的科研成果得不到国际学术界的认可，又能让国人或者纳税人首先受益。笔者认为，这不属于"重复发表"或者"自我剽窃"（Wen & Gao，2007），原因是中文和英文的语篇思维方式差异明显，写作规范迥然不同，作者必须付出双倍努力。

4. 结语

笔者借鉴了国内外学者对国家语言能力的前期研究结果，探讨了国家语言能力的新定义、新构成和新评价指标，并厘清概念，划定这一概念涵盖的范围，提出评价指标。其价值有两点：第一是实践价值。有了明确的工作任务和评价参数，就能让政府部门更有针对性地开展工作，提高发展国家语言能力的效率，为"一带一路"建设铺好"语言路"，搭好"文化桥"，使其更快、更好、更全面地服务于国家战略利益；第二是学术价值。从逻辑上说，研究国家语言能力的建设与发展应该属于语言规划学领域的一个分支，然而目前这一分支还处于待开发阶段。在理论层面上厘清国家语言能力与国民语言能力的区别，清晰界定其研究对象及范围，应该是当前首要的学术任务。笔者期待更多的学者参与讨论这一议题，促使我国语言规划学发展的深度与广度有所突破。

参考文献

- 杜金华，张萌，宗成庆，等.中国机器翻译研究的机遇与挑战——第八届全国机器翻译研讨会总结与展望[J].中文信息学报，2013,27 (4):1-8.

- 李希，杨洪娟.在华召开的国际学术会议的工作语言问题[J].语言文字应用，2013 (4):40-46.

- 李宇明.中国外语规划的若干思考[J].外国语，2010,33 (1):2-8.

- 李宇明.提升国家语言能力的若干思考[J].南开语言学刊，2011 (1):1-8,180.

- 刘曙雄.与"一带一路"同行的"非通人才"培养[J].神州学人，2016 (1).

- 马晓雷，周广艺，张宗波，等.五十年来美国军事语言研究的发展与启示——基于美国国防部国防科技情报中心数据库[J].云南师范大学学报（哲学社会科学版），2014,46 (3):10-17.

- 马燕.北京大学与20多国合作打造"一带一路"系列课程[EB/OL].中国新闻网，(2015-9-15) [2015-11-21].http://www.chinanews.com/sh/2015/09-15/7525347.shtml.

- 彭龙.打造国家非通用语发展战略高地[J].神州学人，2016 (1).

- 沈骑."一带一路"倡议下国家外语能力建设的战略转型[J].云南师范大学学报（哲学社会科学版），2015,47 (5):9-13.

- 汪品先.汉语被挤出科学，还是科学融入汉语？[N].文汇报，2015-02-27（6）.

- 魏晖.国家语言能力有关问题探讨[J].语言文字应用，2015 (4):35-43.

- 文秋芳.压缩教学周期，增强教学密度——大学英语教学改革新思路[J].中国外语教育，2008,1 (3):3-5,81.

- 文秋芳.亟待制定"一带一路"小语种人才培养战略规划[N].国家哲学规划办·成果要报，2014a-12-10 (96).

- 文秋芳.美国语言研究的基本特征：服务于国家安全战略——以马里兰大学高级语言研究中心为中心[J].云南师范大学学报（哲学社会科学版），2014b,46 (3):1-9.

- 文秋芳.中文在联合国系统中影响力的分析及其思考[J].语言文字应用，2015 (3):33-40.

- 文秋芳，苏静.军队外语能力及其形成——来自美国《国防语言变革路线图》的启示[J].外语研究，2011 (4):1-7,112.

- 文秋芳，苏静，监艳红.国家外语能力的理论构建与应用尝试[J].中国外语，2011,8 (3):4-10.

- 文秋芳，王艳."英语+X"本硕贯通人才培养体系成效：基于学生视角[J].外语界，2015 (5):18-26.

- 文秋芳，张天伟.美国各军种外语战略规划比较研究[Z].语言政策与语言规划研讨会宣读论文，2012.

- 约翰·康威. 培养外语人才：美国空军如何与民间高校合作共赢 [J]. 空天力量，2010（秋季）: 20-33.

- 赵世举. 全球竞争中的国家语言能力 [J]. 中国社会科学，2015a (3): 105-118.

- 赵世举. 语言与国家 [M]. 北京：商务印书馆，2015b.

- 中国国家汉语国际推广领导小组办公室. 2014年孔子学院年度发展报告 [EB/OL]. [2015-11-21]. http://www.hanban.org/report/2014.pdf.

- BRECHT R D, RIVERS W P. Language policy in the U.S.: Questions addressing a sea change in language in the U.S. [J]. NFLC policy issues, 1999, 2 (1): 1-4.

- BRECHT R D, WALTON A R. National strategic planning in the less commonly taught languages [M]. NFLC occasional paper, 1993.

- NSEP. National security education program: Annual report 2012 [EB/OL]. [2015-11-21]. http://www.nsep.gov/about/support/2012-NSEP-Annual-Report.pdf.

- WEN Q F, GAO Y H. Dual publication and academic inequality [J]. International journal of applied linguistics, 2007, 17 (2): 221-225.

十二　对"国家语言能力"的再解读

——兼述中国国家语言能力70年的建设与发展[26]

1. 引言

"强国必须强语，强语助力强国。"（杜占元，2017）在我国逐步走向世界舞台中心、世界需要中国智慧和中国方案的背景下，提升国家语言能力显得尤为重要。近10年来，我国学者在国家语言能力研究领域已取得一些开创性成绩，但在理论深度和彰显中国特色方面尚有不足。为此，2018年，国家语委将"'国家语言能力'内涵及提升方略研究"列为重大项目，期待我国学者在这一领域有所突破。笔者带领团队有幸获批这一项目。本文将报告笔者对国家语言能力内涵重新解读的初步成果。下文由四部分组成：第一部分回顾前期研究，总结其优势及局限；第二部分说明国家语言能力的新内涵及其构成；第三部分根据国家语言能力的新阐述，以举例的方式评述中华人民共和国成立70年来在该领域所取得的成就和面临的挑战；第四部分对未来有关"国家语言能力"的研究提出建议。

26　原载《新疆师范大学学报（哲学社会科学版）》2019年第5期，58—68页。本文为国家语委重大科研项目"'国家语言能力'内涵及提升方略研究"（编号：ZDA135-7）的阶段性成果。

2. 文献回顾

美国学者Brecht和Walton（1993）率先提出"国家语言能力"（national language capacity）这一概念并将其定义为"国家应对特定语言需求的能力"，这实际上指的是国家外语能力。随后一些美国学者开展了相关研究（Brecht & Rivers，1999，2005，2012；Jackson & Malone，2009；Murphy & Evans-Romaine，2016），但这些研究缺乏理论性和系统性。2011年这一概念被引进我国（文秋芳，2011），随后一些学者对其进行评述与讨论（黄德宽，2016；李宇明，2011；陆俭明，2016；魏晖，2015；文秋芳，2016；文秋芳，2017；赵世举，2015；周庆生，2016），表27列出了这些研究的主要观点，并对其进行了评述。

表 27. 关于"国家语言能力"的主要观点及评述

作者	定义	分项能力	评述
李宇明（2011）	国家处理海内外各种事务所需要的语言能力，其中也包括国家发展所需要的语言能力。	（1）语种能力；（2）国家主要语言的国内外地位；（3）公民语言能力；（4）拥有现代语言技术的能力；（5）国家语言生活管理水平。	定义沿用美国学者思路，内容较全面，但分项能力中未区分国家层面和个人层面的语言能力，各分项能力之间缺乏内在逻辑关系；命名缺乏统一性，有的用"能力"，有的用"地位""水平"。
赵世举（2015）	一个国家掌握利用语言资源、提供语言服务、处理语言问题、发展语言及相关事业等方面能力的总和。	（1）语言资源拥有能力；（2）语言使用及服务能力；（3）语言资源开发利用能力；（4）国民语言能力；（5）语言人才储备能力；（6）语言管理及语言事业发展能力；（7）语言影响力。	定义沿用美国学者思路，内容较为全面，但概括性、系统性不够；分项能力命名具有统一性，但将国民语言能力纳入国家语言能力不够妥当。
魏晖（2015）	国家分配和管理国家语言资源的效率，是一种突出内部要素禀赋的内生性能力，是建设文化强国的基础。	（1）国家通用语言文字的普及程度及水平；（2）国民掌握语种的数量及水平；（3）各语种人才的数量、水平和结构分布；（4）语言资源库的可开发性及开发效率；（5）语言学习资源的可利用性及利用效率；（6）语言信息处理能力；（7）管理社会语言生活的能力。	定义突出管理效率，视角新颖，但不完全适合分析国家语言能力，因为这是社会公共产品而非纯市场化产物；分项能力比较全面，符合中国国情，但缺乏内在逻辑结构。

作者	定义	分项能力	评述
文秋芳（参见2016）	政府处理在海内外发生的涉及国家战略利益事务所需的语言能力。	（1）国家对涉及国家战略利益的语言事务的管理能力（简称管理能力）；（2）国家对语言人才资源的掌控能力（简称掌控能力）；（3）国家对语言人才资源的创造能力（简称创造能力）；（4）国家对语言处理技术的开发能力（简称开发能力）；（5）国家对中文国际影响的拓展能力（简称拓展能力）。	定义仅限于战略层面，过于狭窄；分项能力仅适合分析美国国家语言能力的实践，不完全符合我国实际情况。

以上各位学者的定义既有共同之处，又有明显差异。李宇明、赵世举和文秋芳基本沿用了美国学者的思路，明确指出了国家语言能力的执行主体和应用范围，清晰说明了国家语言能力是语言能力的一种；差异在于，李宇明、赵世举的应用范围比较宽泛，而文秋芳的定义则重点强调战略层面的应用。依据杨亦鸣（2015）的观点，李宇明和赵世举的定义属于对国家语言能力的宽泛解释，包括公民（国民）个人语言能力和社会语言能力，文秋芳的定义则属于狭义解释，仅指国家在战略层面处理政治、经济、外交、军事、科技、文化等各种国内外事务中所需要的语言能力。魏晖的定义以行政管理学为出发点，认为这是政府分配、管理和利用语言资源的效率，其优势是有理论视角，但似乎不适于讨论国家语言能力这一社会公共产品。

从分项能力来看，各定义的相似度很高。文秋芳列出的五个分项能力基本上覆盖了其他学者阐述的内容，但有两点未涵盖：第一，公民语言能力或国民语言能力，其认为这不属于国家语言能力范畴；第二，魏晖提及的国家通用语言文字的普及程度及水平，其当时认为这一点似乎与国家战略利益无关。事实上，从中国国家语言能力建设的角度来看，这是一项重要内容。

文秋芳还就五个分项能力提出了评价指标。这是学界对国家语言能力认识的第一阶段。

在国家语言能力研究的第二阶段，文秋芳依据Saussure（1959）的langue/parole和Chomsky（1965）的Competence/ Performance的观点，将其划分为国家语言资源能力和国家话语能力，前者类似于Langue或Competence，后者相当于Parole或Performance（文秋芳，2017）。国家话语能力是对国家语言资源能力的运用，缺少国家语言资源能力，国家话语能力就成了无源之水、无本之木；缺少国家话语能力，国家种语言资源能力就成了博物馆的陈列品，只能观赏，无实用价值。图19展示了国家语言能力的双层结构。

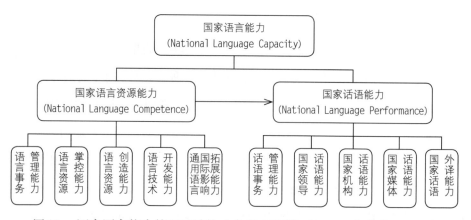

图19. 国家语言能力的双层结构（参考文秋芳，2016；文秋芳，2017）

综上所述，目前我国学者已经对国家语言能力定义及其解读做了大量工作，具有一定的理论初创性，但其局限性仍非常明显。第一，未将国家语言资源能力和国家话语能力整合在统一框架内；第二，缺少双向研究思路，仅由外向内看，即以其他国家实践为标杆审视我国国家语言能力建设；第三，缺少由内向外看的视角，即以我国实践为出发点，审视其他发达国家情况，考察我国自身优势，展现已取得的辉煌成绩。例如，文秋芳（2016），文秋芳、张天伟（2018）以美国为参照点，构建国家语言能力的理论框架，查找我国国家语言能力建设的短板，对提升我国国家语言能力起到了推动作用。"观察当代中国哲学社会科学，需要有一个宽广的视角，需要放到世界和我国发展大历史中去看"（习近平，2016）。本文将融合内外视角，把国家语言资源能力和国家话语能力整合到同一个体系内，对国家语言能力的定义和分项能力进行重新解读，调整文秋芳（2016）和文秋芳（2017）提出的理论框架及其评价指标，使其更具概括性和普遍性。

3. 国家语言能力的新定义及其构成

鉴于我国国家语言能力建设的宗旨与路径与美国不完全相同，对国家语言能力的定义就不能完全遵从美国学者的思路和美国国防部的实践。根据中美国家语言能力建设实践，笔者将国家语言能力重新定义为："政府运用语言处理一切与国家利益相关事务的能力。"这里需要指出，处理语言事务的主体是政府，而不是个人或者非官方团体；处理的事务必须涉及国家利益，而不是个人职业规划或不涉及国家利益的群体行为；处理这些事务必须以语言为手段，而不是军事或其他非语言手段。借鉴文秋芳（2016）和文秋芳（2017）对国家语言能力分项能力的界定，笔者提出了新框架。如图20所示，国家语言能力由三部分组成：（1）国家语言治理能力（简称治理能力）；（2）国家语言核心能力（简称核心能力）；（3）国家语言战略能力（简称战略能力）。三部分形成一个稳定的三角形。治理能力位于顶端，是指政府处理国内外两类语言事务的效力和效率，具有全局性和统领性特点，决定着核心和战略两类能力的发展方向和效果。核心能力具有基础性和先导性特点，是国家政治安全、领土完整、社会和谐、经济发展、文化繁荣、信息安全等的压舱石，是战略能力发展的前提，应置于国家语言能力建设的优先位置；战略能力着眼未来，具有前瞻性和长远性特点，是国家对外改革开放、维护国家主权、塑造国家形象、提升国家国际地位的支柱，对核心能力建设有促进作用。核心能力和战略能力又反作用于治理能力的建设和发展，故用双向箭头连接，表示它们之间的互动关系。

表28列出了国家语言能力的三类分项能力所涵盖的不同维度及其意义解释。每个分项能力涵盖三至四个维度，每一维度再分为若干方面。需要说明的是，国家语言能力的三个分项能力相对稳定，但每个分项能力所涵盖的维度具有开放性和动态性。这里的开放性和动态性是指随着国家语言能力建设和发展的需要，每个分项能力所覆盖的维度需有相应的变化和调整。

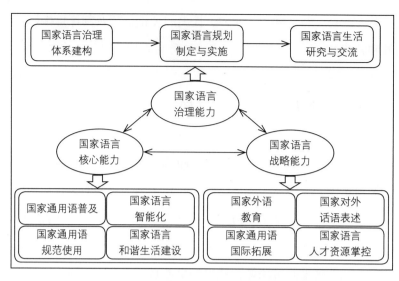

图20. 国家语言能力构成新框架

表28. 国家语言能力三类分项能力涵盖的维度及解释

类型	各维度名称	解释
国家语言治理能力	国家语言治理机构体系构建	政府能否有效构建国家语言治理的行政体系
	国家语言规划制定与实施	政府对国家语言事务治理是否有系统的计划和落实措施
	国家语言生活研究与交流	政府语言治理机构是否对社会语言生活进行系统研究，并开展国内外交流
国家语言核心能力	国家通用语普及	政府能否依法依规有效普及国家通用语
	国家通用语使用规范	政府对通用语的使用是否采取了系列规范措施
	国家语言智能化	政府能否有效运用智能化技术输入和处理不同语言，从而满足机器翻译、人工智能、智慧教育等方面的需求
	国家语言和谐生活建设	政府能否恰当处理通用语、少数民族语言、方言之间的关系，以及纸质媒体和网络媒体之间的关系，构建语言生活的和谐社会环境
国家语言战略能力	国家外语教育	政府能否培养出外语语种数量多且质量高的国际化人才，以满足国家处理各种国际事务的需求
	国家通用语国际拓展	政府能否在国际上有效提升国家通用语的地位并达到预期效果
	国家语言人才资源掌控	政府能否掌控并有效使用国家的各种语言人才资源
	国家对外话语表述	政府能否在国际场合有效表述国家话语并将其恰当译成所需的外语语种

　　与文秋芳前期建构的理论框架相比，这个新框架具有两个特点。第一，根据内在逻辑关系，首先确立了国家语言能力的三个分项能力及其关系，然

后再分析各分项能力所涵盖的不同维度；第二，三个分项能力涵盖的维度更丰富、更全面、也更开放，能够充分解释中美两国的国家语言能力建设和发展实践。

4. 我国国家语言能力70年建设的成就及不足

下文将根据表28中三个分项能力所涵盖的维度，以举例的方式说明中华人民共和国成立70年以来我国在国家语言能力建设上所取得的骄人成就及不足。

4.1 国家语言治理能力

建设国家语言治理能力可从三个维度入手：国家语言治理机构体系构建、国家语言规划制定与实施、国家语言语言生活研究与交流。70年来，我国国家语言治理能力发生了翻天覆地的变化，从无到有，从弱到强，逐步适应并推动语言强国的建设。下文将以"治理体系构建"为例展示我国语言治理能力的快速发展和面临的挑战。

衡量治理能力的指标主要有完整性、协调度和执行力（见表29）。完整性是指政府对国家语言治理是否上下联动，覆盖全国的机构体系。这是决定治理能力高低的行政基础。根据教育部、国家语委印发的《〈国家语言文字事业"十三五"发展规划〉分工方案》（国家语委，2016），国家语言文字工作涉及政府不同部门，它们有分工，有交叉，有合作。以推广普通话为例。在农村开展普通话宣传推广工作、大力提升青壮年劳动力普通话水平的任务，由国家语委牵头，参与的单位有中宣部、文化部、（原）新闻出版广电总局、全国总工会、团中央、全国妇联和相关地方语委[27]。在少数民族地区提升教师、基层干部和青壮年农牧民的国家通用语言文字应用能力的任务，由国家语委牵头，参与的单位有教育部、国家民委、人力资源社会保障部、全国总工会、团中央和相关地方语委。虽然国家语言能力建设和发展涉及多个政府部门和社会团体，

---

27 本文单位名称采用常见的国家机关及相关单位名称简称。

但在这多个部门中起关键和协调作用的是国家语委。因此，下文以国家语委为例，说明70年来我国国家语言治理能力的发展。

表 29. 国家语言治理能力三维度的评价指标

评价指标	说明
完整性	国家是否有从中央到地方上下贯通的语言治理机构体系
协调度	政府建立的各语言治理体系之间是否有很好的横向分工与协作关系
执行力	政府建立的各语言治理机构体系能否发挥其功能并取得成效

国家语委原名为中国文字改革委员会，直属国务院领导，于1954年12月正式成立。1985年12月，更改为现名。1998年机构改革，国家语委并入教育部，对外保留国家语委的牌子。经过多年的不懈努力，教育部、国家语委领导下的语言治理机构体系已基本完善。这是世界上规模最大、上下联动的国家语言能力治理机构体系。

根据图21，整个治理机构体系分为国家和地方两个层面。国家层面的领导机构是教育部和国家语委。根据2017年发布的《中国语言文字事业发展报告》白皮书，国家语委是由29个党政部门、社会团体等组成的规划并统筹推进国家语言文字事业的职能部门（国家语委，2017：137），是一个跨政府部门、跨社会团体的协同工作机构，同时也是一个领导决策机构，下设"两司""一所""一社"。"两司"指教育部语言文字应用管理司（简称语用司）和教育部语言文字信息管理司（简称语信司），负责承办国家语委布置的具体工作；"一所"（教育部语言文字应用研究所）属于科研单位，专门研究有关语言文字应用的实践和理论问题；"一社"为语文出版社。在国家层面上还设有国家语委咨询委员会，属于指导咨询机构，是执行机构的智囊团，负责提供咨询和指导建议。

地方层面有省（区／直辖市）级、地／市级、县级三级自上而下的语言文字工作机构，与国家层面国家语委的工作相对接。截至2016年，全国31个省（区／直辖市）全部设立了语言文字工作机构。截至2017年，除港澳台地区，全国已建立地级和县级语言文字机构2 238个，另有277个地级、县级行政区虽无固定机构，但有专职人员负责。将这两类合在一起，我国已有78.35%的地、县两级行政区落实了语言文字工作的管理（国家语委，2017）。

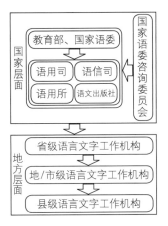

图21. 国家语委主导的国家语言能力治理机构体系

前文中完整性指的是纵向行政体系的完善度，协调度是指横向机构之间的联动与合作。进入21世纪以来，国家语委的协调功能日趋增强。前文提到国家语委是一个跨部委语言文字工作的协调机构，由29家单位组成，其中包括教育部、中宣部、广电部、外交部、文化部、公安部、科技部、民政部等。凭借这个协调机制，国家语委研制了系列外文译写国家标准。例如，《公共服务领域外文译写规范》的研制于2014年启动，历时三年，2017年该标准向社会正式发布。目前已公布的译写规范包括《公共服务领域俄文译写规范》《公共服务领域日文译写规范》与《公共服务领域英文译写规范》。该系列"规范"是关于公共服务领域外文翻译和书写质量的国家标准，说明了13个服务领域（交通、旅游、文化、娱乐、体育、教育、医疗卫生、邮政、电信、餐饮、住宿、商业、金融）的外文译写原则、方法和要求。执行力关注整个行政体系运行的效果。要想确保治理机构体系的有效运行，必须要有督查机制。2000年通过的《中华人民共和国国家通用语言文字法》中第三章"管理和监督"列出了七条条款。自此，全国有19个省（区/市）将语言文字工作纳入教育督导评估。为了更好地落实《国家通用语言文字法》和全面贯彻《国家中长期语言文字事业改革和发展规划纲要（2012—2020年）》，2015年，国家语委、国务院教育督导委员会办公室共同制定了《语言文字工作督导评估暂行办法》（以下简称《暂行办法》），并附有清晰的《语言文字工作督导评估指标体系框架》（以下简称《评估框架》）。《暂行办法》包括五章：（1）总则；（2）督导评估内容；（3）督导评估的实施；（4）表彰与问责；（5）附则。第三章（督导评估的实施）内容明确、清楚，包括评估对象、评估周期、督导组组成、评估具体程序和评估方式。《评估框架》包含四个一级指标：（1）制度建设（20分）；（2）条件保障（15分）；（3）宣传推广（30分）；（4）发展水平（35分）。每个一级指标包含二至五个二级指标。以制度建设为例，其二级指标包括：组织领导（7分）、政策规划（8分）和督查机制（5分）。由此可以看出，这个《暂行办法》具有很强的操作性。2012年全国36个一类城市完成评估，二类城市完成率达到90.06%，三类城市完成率达到62.47%（国家语委，2018）。2016年教育部、国家语委又在河北、甘肃两省开展了评估试点（国家语委，2017）。

将现有治理机构体系与国家语言能力构成相匹配，我国仍旧面临三个挑战：第一，地方层面还有20%以上的地（市）级和县级治理机构体系有待落实；第二，对国家语言战略能力的治理相对薄弱，国家对外话语表达这一维度目前尚无专门机构管理；第三，不同学段的外语教育由基教司、职成司和高教司三个不同机构负责，未形成相互衔接的"一条龙"；第四，国家民委与教育部在语言文字工作上有明显重叠。笔者建议将国家语委设置为统管国家语言能力建设的顶层机构，这样可以保障语言治理能力的完整性、协调度和执行力。

4.2 国家语言核心能力

国家语言核心能力涉及四个维度：国家通用语普及、国家通用语使用规范、国家语言智能化、国家语言和谐生活建设。衡量这四个维度的评价指标是政策力、实践力和绩效力（见表30）。70年来我国国家语言核心能力建设取得了举世瞩目的成就，为国家统一、民族团结、社会稳定和经济发展做出了不可或缺的贡献。下面将根据表30中三个评价指标，以国家通用语普及这一维度为例，说明我国国家语言核心能力70年来的持续稳定发展状况。

表 30.　国家语言核心能力维度的评价指标

评价指标	说明
政策力	对国家语言核心能力是否制定了相关法律、法规、条例、标准等
实践力	对国家语言核心能力的相关政策是否提出具体的落实措施
绩效力	对国家语言核心能力相关政策的落实措施是否取得预期效果

政策力是指政府对通用语的普及是否制定了比较完善的政策、法规。自中华人民共和国成立以来，中央政府对"书同文、语同音"这项事关各民族团结、国家安定和社会和谐的工作高度重视。1956年国务院发布《关于推广普通话的指示》，1958年第一届全国人民代表大会第五次会议正式批准《汉语拼音方案》，1982年有关推广普通话的内容写进我国宪法（陈章太，谢俊英，2009），《国家通用语言文字法》明确规定我国通用语言文字是普通话和规范汉字。截至2016年，我国已经发布了与之相应的23部地方性法规（国家语委，2017）。

实践力是指政府对普及国家通用语采取的措施是否具有广度和深度。中央政府在中华人民共和国成立九天后，就成立了中国语言文字改革研究委员会，组织专家队伍设计《汉语拼音方案》。该方案历经八年反复研讨与修改，于1958年正式公布。这为扫盲、识字和推广普通话（简称"推普"）打下了坚实基础。从国家语言文字工作"七五"计划（1986—1990年）起，后续的每个五年计划都把"推广普通话"作为首要任务。我国改革开放前的推普总方针为："大力提倡、重点推行、逐步普及"。这十二字方针体现了政府充分认识到在全国推普的长期性、艰巨性和持续性，既需要广泛宣传，让全社会更多人参与，又需要突出重点，抓主要矛盾，以点带面，稳步前行。随着改革开放的推进，从"八五"计划起，推普总方针调整为"大力推行、积极普及、逐步提高"。这表明推普工作进入新阶段。政府推普的力度有所加大，措施有所加强，普及率的指标有所提高。2017年国家语委印发了《国家通用语言文字普及攻坚工程实施方案》（简称《方案》）。这一《方案》制定了明确的目标（全国平均普及率达到80%以上）、任务、措施和验收指标，使推普工作的广度和深度又上了一个新台阶。

绩效力是指普及通用语所取得的成效如何。从1956年2月国务院公布《关于推广普通话的指示》起，普通话得到稳步推广。截至2017年，我国在全国范围内已经实现了1997年提出的普及率奋斗目标，达到70%以上（国家语委，2018）。不足的是东西部、城乡之间发展不平衡，东西部的普及率差距达到20个百分点，大城市与一些农村的差别达到50个百分点。1998年，经国务院批准，每年9月第三周定为全国推广普通话宣传周。每年推普周都有不同的宣传主题，例如，2002年是"大力推广普通话，齐心协力奔小康"；2004年"实现顺畅交流，构建和谐社会"；2012年是"推广普通话，共筑中国梦"；2013年"依法推广普通话，提升国家软实力。"2017年是推普周活动开展20周年。从中央到地方，长年不断举办各种类型的普通话培训班，有效提高了各民族干部、教师的普通话水平。仅2017年，地方上参加培训的人数就达399 692人（国家语委，2018）。

70年来，虽然我国普通话普及工作有部署、有落实、有检查，成效明显，但在法律法规上"刚性"显得不足，对违反法律法规者无惩戒措施；对普及普通话在维护国家统一、增强民族团结、提高国家认同方面的意义认识还不够充分；对在普及普通话中起关键作用的学校教师要求不够严格，培训不够到位。这些问题仍需花大气力加以解决。

4.3 国家语言战略能力

国家语言战略能力也涵盖四个维度：国家外语教育、国家通用语国际拓展、国家语言人才资源掌控和国家对外话语表述。与国家语言核心能力相比，我国国家语言战略能力发展速度与质量相对滞后。随着我国综合国力不断强大、国际地位持续提升，对国家语言战略能力的需求也在不断增强。进入21世纪，"一带一路"倡议的提出使国家语言战略能力的需求显得尤为迫切。下文根据表31中的"覆盖面""科学性""影响力"三个评价指标，以国家外语教育维度为例，说明中华人民共和国成立70年来国家语言战略能力的建设与发展。

覆盖面是指我国通过外语教育创造的语言人才种类能够涵盖多少国家、地区和领域。换言之，我国外语教育涉及的语种数量有多少，能与世界上多少种语言进行直接沟通，能在多少领域内发挥功能。根据国家外语人才资源动态数据库[28]的统计，2010—2015年我国高校招收的非通用语专业仅有44种，六年招收的总人数仅八万余人，其中朝鲜语占33%。2016年增加到65种，覆盖了欧盟国家24种官方语言和东盟10国官方语言，2017年达到83种，2018年达到98种，2019年新增三个语种，到2020年，北京外国语大学将开齐与中国所有建交国家的官方用语专业（北京外国语大学官网，2019）。虽然近10年来，政府下发了多个加强非通用语教育的文件，我国高等教育培养外语人才的种类有了快速发展，但与美国相比，我国仍有明显差距。2009年美国高校已经能够开设259种语言的课程，其中非通用语244种（Furman，Goldberg & Lusin，2010）。

科学性是指外语人才培养方式是否符合内在规律，是否符合社会需求。20世纪80年代后期，只有上海外国语大学、北京外国语大学等少数高校开展了复合型外语人才的教学实验，大部分外语专业主要培养外国文学、语言学和翻译人才。直到1998年12月，教育部高教司转发了《关于外语专业面向21世纪本科教育改革的若干意见》后，复合型外语人才培养的必要性、复合型外语人才的概念和培养模式才得到官方文件的正式确认（高等学校外语专业教学指导委员会，1998），复合型外语人才的培养才逐步得到重视。目前的模式有："外语+专业知识""外语+专业方向""外语+专业""专业+外语"和双学位。2000年颁布的《高等学校英语专业英语教学大纲》首次将复合型人才列为英语专业的培养目标（何其莘，2001）。自此，外语专业培养复合型人才"名正言顺"。不足的是在这个阶段外语人才的培养强调了语言和专业的叠加，忽视了立德树人是教育的根本任务，一味强调了对西方语言文化的学习，忽略了中国文化，未能恰当处理国际视野和中国立场之间的辩证关系。近年来，这一不良倾向正逐步予以纠正，但在课程、教材和课堂教学中得到全面纠正尚需时日。

---

28 笔者曾承担了全国哲学社会科学规划办公室的重大招标项目"国家外语人才资源动态数据库建设"（编号：12&ZD176）。

表 31.　国家语言战略能力四维度的评价指标

评价指标	说明
覆盖面	国家语言战略能力辐射多少国家、地区和领域
科学性	国家语言战略能力的提升是否符合内在规律性，是否符合社会需求
影响力	国家语言战略能力在多大范围内产生正面、积极效果

影响力是指国家投入资源培养出的外语人才能在国内外语言事务处理中产生多大的积极影响。换句话说，他们是否为国家、为全人类的发展做出积极贡献。应该承认，我国培养出的外语人才为国家的外交、经济、文化、科技、军事发展发挥了重要作用，特别是改革开放以来，大批外语人才有力助推了改革开放初期外资、中外合作企业的发展和外贸进出口业务的扩大，对"中国企业走出去""中国文化走出去""中国旅游业走出去"也发挥了积极的推动作用，但短板还明显存在。例如，语种不足导致我国在国际事务中找不到合适人才承担相应任务；再如，高端外语人才缺乏致使我国在国际组织中任职数额不足。

5. 结语与建议

本文对国家语言能力进行了重新解读，将其重新定义为"政府运用语言处理一切与国家利益相关事务的能力"。这里强调执行国家语言能力的行为主体是政府，而非个人或任何非官方团体，换句话说，个人、家庭或私营机构都不是国家语言能力建设的责任主体；处理语言事务的范围，既有国内，又有国外，相关事务须涉及国家政治、经济、外交、文化、科技、军事、信息等领域的发展与安全，但不直接涉及个人和私营团体的利益与前途。国家语言能力可分为治理能力、核心能力和战略能力。这三种能力形成一个相互支撑的稳定三角形。治理能力处于顶端，起着统领和引导作用，调控核心和战略两类能力的发展走向；核心能力处于优先发展位置，具有基础性和先导性特点；战略能力具有前瞻性和长远性特点，须从长计议，有重点、有步骤地进行规划和建设。每种能力又涵盖数个不同维度，应根据国家和社会发展不同阶段的需求，对其进行适时动态调整。

国家语言能力属于语言社会学的分支，是一个尚未充分开发的处女地，笔者建议未来研究可从四个方面入手：第一，根据本文提出的国家语言治理、核心和战略能力的三维结构，分别研究各自的内涵与外延；第二，研究不同领域中的国家语言能力，如军事、外交、新闻、商务等；第三，将国家层面的语言能力下移到研究大都市和大区域的语言能力，如北京和上海大都市语言能力研究，京津冀地区、粤港澳大湾区语言能力研究等；第四，进行中外国家语言能力的比较研究。以上四方面研究均可包括描述现状、列出问题、提出对策。此外，作为学者，我们还有责任用通俗化的语言向社会普及"国家语言能力"这一概念，提高政府机关干部和全社会对提升国家语言能力的意识。

70年来，我国经历了不同的发展阶段，从"贫穷落后"到"生活富裕"，再到"繁荣富强"，国家语言能力的发展与国家整体国力的增强形成互动关系。我国国家语言治理能力逐步完善，核心能力持续增强，战略能力建设加速，有力推动了我国国力和国际地位的提升，但总体上，我国国家语言能力与我国日益上升的国际地位还很不相称。国家语言能力与总体国家安全有着密切关系。在和平与发展为主流的时代，国家所有政策、主张都要通过语言向国内外民众宣传、阐释；遇到矛盾或者冲突，也要通过语言协商谈判解决，即便在战争环境中，信息战、心理战、舆论战都离不开语言这一锐器。目前政府和学界亟须联动，进行战略谋划，拿出实招、硬招，尽快将我国建成国家语言能力强国。

参考文献

- 北京外国语大学官网.大学简介[EB/OL].[2019-05-19].http://www.bfsu.edu.cn/overview.

- 陈章太,谢俊英.语言文字工作稳步发展的60年[J].语言文字应用,2009(4):2-14.

- 杜占元.普通话助力建设语言文化强国[N].语言文字周报,2017-11-22(1).

- 高等学校外语专业教学指导委员会.关于外语专业本科教育改革的若干意见[J].外语界,1998(4):1-6.

- 国家语委.中国语言文字事业发展报告[M].北京:商务印书馆,2017.

- 国家语委.中国语言文字事业发展报告[M].北京:商务印书馆,2018.

- 何其莘.培养21世纪的外语专业人才——新《大纲》的修订过程及主要特点[J].外语界,2001(1):4-8,27.

- 黄德宽.语言能力与国家现代化建设刍议[J].语言科学,2016,15(4):339-342.

- 教育部、国家语委.关于印发《〈国家语言文字事业"十三五"发展规划〉（分工方案）》的通知（教语用函〔2016〕6号）[A/oL].（2017-01-16）[2020-01-03].http://www.moe.gov.cn/srcsite/A18/s7066/201701/t20170113_294774.html.

- 李宇明.提升国家语言能力的若干思考[J].南开语言学刊,2011(1):1-8,180.

- 陆俭明."语言能力"内涵之吾见[J].语言政策与规划研究,2016,3(1):2-4.

- 魏晖.国家语言能力有关问题探讨[J].语言文字应用,2015(4):35-43.

- 文秋芳.关于提升我国国家外语能力的思考与建议[Z].教育部咨询报告,2011.

- 文秋芳.国家语言能力的内涵及其评价指标[J].云南师范大学学报,2016,48(2):23-31.

- 文秋芳.国家话语能力的内涵——对国家语言能力的新认识[J].新疆师范大学学报,2017,38(3):66-72.

- 文秋芳,张天伟.国家语言能力理论体系构建研究[M].北京:北京大学出版社,2018.

- 习近平.在哲学社会科学工作座谈会上的讲话[R/OL].（2016-05-18）[2020-01-10].http://www.xinhuanet.com/politics/2016-05/18/c_1118891128.htm.

- 杨亦鸣.提高国家语言能力迫在眉睫[N].人民日报,2015-11-24(7).

- 赵世举.全球竞争中的国家语言能力[J].中国社会科学,2015(3):

105-118.

- 周庆生. 国家语言能力的结构层次问题 [J]. 语言政策与规划研究, 2016, 3(1): 5-6.

- BRECHT R D, RIVERS W P. Language policy in the U.S.: Questions addressing a sea change in language in the U.S. [J]. NFLC policy issues, 1999, 2 (1): 1-4.

- BRECHT R D, RIVERS W P. Language needs analysis at the societal level [M]//LONG M H. Second language needs analysis. Cambridge: Cambridge University Press, 2005: 79-104.

- BRECHT R D, RIVERS W P. US language policy in defence and attack [M]//BERNARD S. The Cambridge handbook of language policy. Cambridge University Press, 2012: 262-277.

- BRECHT R D, WALTON A R. National strategic planning in the less commonly taught languages [M]. NFLC occasional paper, 1993.

- CHOMSKY N. Aspects of the theory of syntax [M]. Cambridge: MIT Press, 1965.

- FURMAN N, GOLDBERG D, LUSIN N. Enrollments in language other than English in United States institutions of higher education [EB/OL]. (2010-12) [2019-05-19]. http://www.mla.org/2009_enrollmentsurvey.

- JACKSON F H, MALONE M E. Building the foreign language capacity we need: Toward a comprehensive strategy for a national language framework [J/OL]. Washington, D.C.: Center for Applied Linguistics, 2009. [2019-05-19]. http://www.cal.org/resource-center/publications-products/building-foreign-language-capacity.

- MURPHY D, EVANS-ROMAINE K. Exploring the US language flagship program: Professional competence in a second language by graduation [M]. Clevedon: Multilingual Matters, 2016.

- SAUSSURE F De. A course in general linguistics [M]. New York: The Philosophical Library, 1959.

图书在版编目（ＣＩＰ）数据

学习·移植·创新：文秋芳学术论文自选集 / 文秋
芳著. -- 北京：高等教育出版社，2021.10（2022.8重印）
（英华学者文库 / 罗选民主编）
ISBN 978-7-04-053802-1

Ⅰ. ①学… Ⅱ. ①文… Ⅲ. ①应用语言学－文集
Ⅳ. ①H08-53

中国版本图书馆CIP数据核字（2020）第038790号

XUEXI · YIZHI · CHUANGXIN
—WEN QIUFANG XUESHU LUNWEN ZIXUANJI

策划编辑	出版发行	高等教育出版社
肖　琼	社　　址	北京市西城区德外大街4号
秦彬彬	邮政编码	100120
	购书热线	010-58581118
责任编辑	咨询电话	400-810-0598
秦彬彬	网　　址	http://www.hep.edu.cn
		http://www.hep.com.cn
封面设计	网上订购	http://www.hepmall.com.cn
王凌波		http://www.hepmall.com
		http://www.hepmall.cn
版式设计		
王凌波	印　　刷	河北信瑞彩印刷有限公司
	开　　本	787mm×1092mm　1/16
插图绘制	印　　张	14
邓　超	字　　数	213千字
	版　　次	2021年10月第1版
责任校对	印　　次	2022年8月第2次印刷
艾　斌	定　　价	76.00元
责任印制	本书如有缺页、倒页、脱页等质量问题，
耿　轩	请到所购图书销售部门联系调换